KB216549

가슴을 적시는
부처님 말씀 300가지

가슴을 적시는
부처님 말씀
300 가지

석성우·석지현 엮음

민족사

• 엮은이의 말 •

   부처님께서 말씀하신 경전 속에는 좋은 문구들이 많이 있습니다. 그중에서도 《법구경》이나 《숫타니파타》 그리고 초기경전이나 대승경전 속에 들어 있는 명구들은 불교를 믿는 불자뿐만이 아니라 불교와 관계 없는 일반인들에게도 더할 나위 없는 금언들입니다.

   그러나 불교경전 속에 얼마나 좋은 명구들이 들어 있는지 미처 잘 모르는 경우가 많습니다. 그 이유는 불교경전이 워낙 방대하기 때문입니다. 하지만 이렇게 별도로 뽑아서 간추려 놓는다면(물론 여기 실린 것은 그 일부입니다만……) 지친 이 삶을 달래고 위로할 수 있는 아주 좋은 명언집이 될 수 있을 뿐만 아니라 이 시대를 살아가는 우리들에게 마음의 고향이 될 수 있을 것입니다.

부처님께서는 지나친 욕심을 갖지 말 것을 당부하고 있습니다. 욕심이란 것은 끝이 없기 때문입니다.

현실을 살아가고 있는 우리는 경제를 도외시할 수는 없지만 무엇보다도 욕심을 어느 선에서 절제할 줄 알아야 합니다. 지나친 욕심은 결국 한 개인을 파멸에 이르게 하고, 주위 사람들에게도 고통을 주기 때문입니다.

문장은 원래의 뜻을 다치지 않는 범위 내에서 현대인들이 읽기 좋도록 하기 위하여 약간씩 다듬었습니다.

이런 작업을 하면서 조심스러웠던 것은 부처님 말씀에 손상이 가지는 않았나 하는 생각입니다. 그러나

보다 많은 사람들이 읽고 마음의 평안을 찾고 자기
자신을 되돌아보는 계기가 된다면 이것을 큰 보람으
로 여기겠습니다.

2021년 초가을

차례

|

1장

인생

참 삶을
위하여

1

　이 세상에서 으뜸가는 재산은 믿음이다. 덕행을 쌓게 되면 행복이 찾아온다. 진실이야말로 맛 중의 맛이며 지혜롭게 사는 것을 최상의 생활이라고 할 수 있다.

(법구경)

2

　육신이 있기 때문에 얽매인다. 그 얽매이는 것 때문에 근심·걱정이 생기고 벗어나지도 못하게 된다. 사람의 생각도 이와 마찬가지이다. 그러므로 애착을 버려야만 근심·걱정에서 벗어나 마음이 평온해질 수 있다.

(잡아함경)

3

　사랑이 있는 곳에 걱정이 생기고 사랑이 있는 곳에 두려움이 생긴다. 그러므로 사랑을 두지 말라. 사랑을 두지 않으면 걱정도 두려움도 없다. 사랑은 미움의 뿌리. 사랑하는 사람도 만들지 말고 미워하는 사람도 만들지 말라. 사랑하는 사람은 만나지 못해서 괴롭고 미워하는 사람은 만나서 괴롭나니, 근심과 걱정 속에 착한 마음이 사라진다. 진실로 자기를 사랑하거든 마음을 잘 단속하여 악에 물들지 않게 하라.

(법집요송경)

4

　사랑은 고뇌의 시작이다. 그러나 그것은 우리의 생명력 속에 잠재해 있는 영원성의 개화開花이다.

(이취경)

5

　진실로 아무것도 갖지 않은 사람(집착심이 없는 사람)
은 행복하다. 지혜로운 사람은 아무것도 자기 것이라
고 생각하지 않는다. 자, 보라. 많이 가지고 있는 자들
이 여기저기에 얽매여 얼마나 괴로움을 당하고 있는
가를.

(우다나 · 이티붓타카)

6

　인생은 초대하지 않아도 저 세상으로부터 왔다가
허락하지 않아도 저 세상으로 떠나간다. 살면서 부를
이룬 사람도 많고 명성을 얻은 사람도 많다. 그러나
부나 명성과 함께 그들은 모두 어디로 갔는가. 그들은
이 세상에 온 것과 마찬가지로 이 세상을 떠나갔다.

(본생경)

7

부자父子간에, 형제간에, 부부간에, 친족 간에 항상
서로 존경하고 사랑하라. 시기하거나 증오하지 말라.
안색은 항상 온화하게 하고 멀리 떨어져 있어도 항상
걱정하는 마음을 가지라. 아버지의 사랑은 무덤까지
이어지고 어머니의 사랑은 영원까지 이어진다. 그러
나 진정한 수행자의 사랑(慈悲)은 그 영원까지 뛰어넘
는다.

(무량수경)

8

사랑하는 대상은 설사 그가 천한 사람이라 할지라
도 모두 평등하다. 사랑에는 차별이 없기 때문이다.

(본생경)

9

말과 행위와 그 생각하는 바가 어느 누구에게도 거슬리지 않는 사람, 사람들이 그를 존경해도 우쭐대지 않는 사람, 비난받아도 그것을 마음에 두지 않는 사람, 남에게 대접받아도 조금도 교만하지 않은 사람, 그는 이 세상에서 가장 바른 삶을 사는 사람이다.

(숫타니파타)

10

유리하다고 교만하지 말고, 불리하다고 비굴하지 말라. 자기가 아는 대로 진실만을 말하며, 주고받는 말마다 악을 막아 듣는 이에게 편안함과 기쁨을 주어라. 무엇을 들었다고 쉽게 행동하지 말고, 그것이 사실인지 깊이 생각하여 이치가 명확할 때 과감히 행동하라.

(잡보장경)

11

남을 헐뜯지 않고 노여움과 인색함에서 떠난 사람, 마음에 맞거나 맞지 않거나 조금도 개의치 않는 사람, 좋다 싫다를 모두 버리고 어디에도 집착하지 않는 사람, 모든 속박으로부터 훨훨 떠나 버린 사람, 그는 이 세상에서 가장 올바른 길을 가고 있는 것이다.

(숫타니파타)

12

진실로 자기 자신을 생각하는 사람이라면 나쁜 짓을 멀리하라. 나쁜 짓을 멀리하고 선행을 쌓으면 그 마음은 항상 편안할 것이다. 진실로 자기 자신을 사랑하는 사람이라면 주위로부터 자신을 지킬 줄 알아야 한다.

(잡아함경)

13

슬픔이 있으면 기쁨이 있고, 기쁨이 있으면 슬픔이 있다. 그러므로 기쁨과 슬픔을 가다듬어서 선도 없고 악도 없어야 비로소 집착을 떠나게 된다. 지난날의 그림자를 추억하고 그리워한다면 꺾어진 갈대와 같이 말라서 초췌해질 것이다. 그러나 지난 일을 반성하고 현재를 성실하게 살아간다면 몸도 마음도 건전해질 것이다. 지나간 과거에도 매달리지 말고 아직 오지도 않은 미래를 기다리지도 말라. 오직 현재의 한 생각만을 굳게 지켜라. 그리하여 오늘 할 일을 내일로 미루지 말라. 진실하고 굳세게 살아가는 것, 그것이 하루하루를 살아가는 최선의 길이다.

(법구경)

14

자기 자신보다 더 사랑스러운 것이 없고, 곡식보다 더 귀한 재물이 없으며, 지혜보다 더 밝은 것이 없고, 생각보다 더 빨리 변하는 것은 없다.

(잡아함경)

15

욕망의 누더기를 벗어 버리고 훨훨 날듯이 살아가는 사람, 삶과 죽음으로부터 초월한 사람, 맑고 푸르기가 호수 같은 사람, 그는 무한한 예지가 있어 이 세상의 어떤 것에도 물들지 않는다.

(숫타니파타)

16

마음 마음 마음이여, 그 마음을 알 수 없구나. 너그러울 때에는 온 세상을 다 받아들이다가도 한 번 옹졸해지면 바늘 하나 꽂을 자리도 없으니.

(달마)

17

마음은 동요하고 혼란하고 지키기 힘들고 억제하기 힘들다. 지혜 있는 사람은 이를 바로잡는다. 마음은 잡기도 어려울 뿐더러 가볍게 흔들리며 탐하는 대로 달아난다. 마음을 바로잡는 일이 행복의 근원이다. 마음은 보기 어렵고 미묘하나 지혜 있는 사람은 이같은 마음을 잘 다스린다. 마음을 잘 다스리는 사람이 곧 안락을 얻는다.

(법구경)

18

친구들에게 허풍이나 떨면서 조금도 실천하지 않는 사람, 기회만 있으면 상대방의 결점만 노리는 사람, 이런 사람은 참된 친구가 아니다. 그러나 자식이 어머니에게 의지하듯 서로 의지하는 사람은 진정한 친구다. 이런 우정은 누구도 둘 사이를 갈라 놓을 수 없다.

(숫타니파타)

19

내 인생에서 가장 행복한 날은 언제인가. 바로 오늘이다. 내 생애에서 가장 귀중한 날은 언제인가. 바로 오늘, '지금 여기'이다.

어제는 지나간 오늘이요 내일은 다가오는 오늘이다. 그러므로 '오늘' 하루하루를 전부로 느끼며 살아야 한다.

(벽암록)

20

　나쁜 짓을 멀리하고 선행을 쌓아라. 좋은 일을 하는 데 게으르면 마음은 저절로 나쁜 짓을 하게 된다. 혹시라도 나쁜 짓을 했다면 그것을 되풀이하지는 말라. 악행은 괴로움과 불행을 남기게 되고 선행은 즐거움과 행복을 남기게 된다.

(소부경전)

21

　남을 해칠 마음을 갖지 말고 원한을 품지 말고 성내는 마음을 두지 말라. 비록 화가 머리끝까지 치밀더라도 함부로 말하지 말라. 남의 잘못을 애써 찾지도 말고, 약점이나 단점을 들추지도 말고, 항상 자기 자신을 잘 단속하여 정의로써 자신을 살펴 나가라.

(잡아함경)

22

타인의 착한 일은 드러내 주고 허물은 숨겨 주라. 남의 부끄러운 점은 감추어 주고 중요한 이야기는 발설하지 말라.

작은 은혜라도 반드시 갚을 것을 생각하라. 자기를 원망하더라도 항상 마음을 착하게 가지라.

자기를 원망하는 자와 친한 자가 똑같이 괴로워하거든 먼저 원망하는 자를 구원하라.

(우바새계경)

23

세상 사람들의 이목을 자기의 이목으로 삼으라. 그러면 밝은 눈으로 비춰보지 못할 것이 없고 밝은 귀로 듣지 못할 것이 없다. 굳이 무엇 때문에 자기의 이목만을 고집하여 미혹에 빠져듦을 자초하려고 하는가.

(선림보훈)

24

함부로 다른 사람의 허물을 말하지 말라. 언젠가는 반드시 나에게로 되돌아와 나를 손상시킬 것이다. 만일 다른 사람을 비방하는 소리를 듣거든, 마치 나의 부모를 헐뜯는 것처럼 여기라. 비록 오늘 아침엔 다른 사람의 허물을 말했지만, 내일엔 반드시 나의 허물을 말할 것이다.

(자경문)

25

친구나 주위 사람들을 너무 좋아하여 마음이 그들에게 얽매이면 자신이 목적한 바를 이룰 수 없게 된다. 사람을 사귐에 있어 이런 부작용이 있다는 것을 관찰하고 저 광야를 가고 있는 무소의 뿔처럼 혼자서 가라.

(숫타니파타)

26

좋은 벗이란, 상대방의 잘못을 보면 일깨워 주고, 좋은 일을 보면 기뻐하며, 괴로움에 처했을 때 서로 버리지 않으며, 이익을 분배하고, 상대방에게 직업을 갖게 하고, 항상 착한 생각을 하는 사람이다. 나쁜 벗이란, 상대방의 물건을 빼앗아 가고, 거짓말을 하며, 체면만을 좋아하고, 삿된 가르침을 주는 사람이다.

(선생자경)

27

나쁜 행동을 하고 나쁜 말을 하며, 마음속으로 나쁜 생각을 품는 것은 자기를 사랑하는 것이 아니다. 진정으로 자기 자신을 사랑한다면, 좋은 행동을 하고 좋은 말을 하며, 좋은 생각을 품는 것이다. 그것이야 말로 진실로 자기를 아끼고 사랑하는 것이다.

(아함경)

28

무엇이건 빼앗아 가는 사람은 친구가 될 수 없다.
그는 무엇이건 빼앗아 간다. 작은 것을 빼앗고 큰 것
을 바란다. 또 상대방이 자신보다 힘이 클 때에만 같
이 움직이고 자신에게 이익되는 일만 한다.

이러한 네 가지 이유 때문에 무엇이건 빼앗아 가는
사람은 적이 되는 사람으로 결코 친구가 될 수 없는
사람임을 알아야 한다.

(아함경)

29

살아 있는 것들에게 폭력을 쓰지 말라. 살아 있는
것들을 괴롭히지 말라. 너무 많은 자녀와 친구를 갖
고자 하지도 말고, 저 광야를 가고 있는 무소의 뿔처
럼 혼자서 가라.

(숫타니파타)

30

인간은 애욕 속에서 홀로 태어났다가 홀로 죽어 간다. 자신이 지은 선악의 행위에 의해 즐거움과 괴로움의 세계에 이른다. 자신이 지은 행위의 결과는 그 누구도 대신해 받을 수 없다. 착한 일을 한 사람은 좋은 곳에, 악한 일을 한 사람은 나쁜 곳에 태어난다. 태어난 곳은 달라도 결과는 애초부터 기다리고 있다. 그러므로 그는 혼자서 늪으로 간다. 멀리 떨어진 딴 세상으로 따로따로 가 버리기 때문에 이제는 다시 만날 기약이 없다.

(무량수경)

31

무익한 천 마디의 말보다는 들어서 마음이 안정되는 한 마디가 더 유익하다.

(법구경)

32

선善에는 일곱 가지가 있다. 고난을 만나더라도 버리지 않고, 가난해지더라도 버리지 않는다. 자신의 어려운 일을 상의하고, 서로 도와주고, 하기 어려운 일을 해주고, 주기 어려운 것을 주고, 참기 어려운 것을 참는 것이니라.

(사분율)

33

남의 잘못은 눈에 띄기 쉽지만 자기 자신의 잘못은 눈에 띄지 않는다. 사람들은 남의 잘못은 잘 들추어내면서도 자기의 잘못은 숨기려 한다. 마치 교활한 도박사가 불리한 투전장을 숨겨 버리듯이. 남의 잘못을 들추어내어 얕잡아 보려고 생각하는 것은 비겁한 짓이다. 그는 참으로 진리로부터 멀리 떨어져 있는 사람이다.

(법구경)

34

    사람들은 열 가지 일로써 선을 이루기도 하고 악을 이루기도 한다. 열 가지란, 몸의 세 가지, 말의 네 가지, 생각의 세 가지이다.

    몸의 세 가지는 산 목숨을 죽이는 것, 남의 물건을 훔치는 것, 음란한 짓을 하는 것이다.

    말의 네 가지는 거짓말, 이간질, 악담, 당찮게 꾸미는 말이다.

    생각의 세 가지는 탐욕과 성냄과 어리석음이다. 이것을 열 가지 악이라고 한다. 이와 같은 열 가지 악업을 짓지 않으면 곧 열 가지 착한 일이 될 것이다.

(사십이장경)

35

사람의 생각은 어디든지 갈 수 있다. 그러나 어디를 간다고 하더라도 사람은 자신보다 소중한 것을 찾아 낼 수 없다. 또한 자신이 소중한 것을 아는 자는 다른 사람을 해쳐서는 안 된다. (상응부경전)

36

다른 사람에게 충고하고자 할 때에는 마음속으로 다음과 같은 다섯 가지를 유념해야 한다. 충고할 만한 때를 가려서 말해야 하고, 알맞지 않을 때에는 말하지 않는다. 진심에서 충고하고 거짓되게 하지 않는다. 부드러운 말씨로 이야기하고 거친 말을 쓰지 않는다. 의미 있는 일에 대해서만 이야기하고 무의미한 일에는 말하지 않는다. 인자한 마음으로 이야기하고 성난 마음으로는 말하지 않는다. (증지부경전)

37

모든 남자는 나의 아버지이며, 모든 여인은 나의 어머니이다. 부모님은 세세생생 나를 낳아서 나로 하여금 도를 배우게 하시므로, 이제 깨달음을 얻는 것은 다 부모의 은혜이니, 사람이 도를 배우고자 하면 효도로 정진하지 않으면 안 된다. (범망경)

38

벗을 사귀는 데 마땅히 다섯 가지 조심할 것이 있다. 옳지 못한 것을 보거든 조용히 타일러서 고치게 하며, 급한 일을 당하거든 달려가서 도와주며, 개인적으로 이야기한 것들을 남에게 퍼뜨리지 말며, 항상 공경하는 마음으로 사랑하고 칭찬하며, 가지고 있는 물건 가운데 좋은 것이 있을 때는 적든 많든 서로 나누어 가져야 한다. (육방예경)

39

이 세상에는 섬기고 공경할 만한 일곱 종류의 사람이 있다. 사랑하는 마음을 가진 사람, 연민하는 마음을 가진 사람, 남을 기쁘게 하는 사람, 남을 보호하고 감싸는 사람, 집착하지 않고 마음을 비운 사람, 부질없는 생각을 하지 않는 사람, 바라는 것이 없는 사람이다.

(증일아함경)

40

부끄러워할 줄 모르는 사람, 낯이 두꺼운 사람, 중상모략이나 일삼고 남을 헐뜯는 사람, 뻔뻔하고 비열한 사람, 이런 사람들에게 있어서 삶은 너무나 쉽고 간편하다. 그러나 부끄러워할 줄 알고 그 영혼의 순결을 지켜 가려는 사람, 매사에 신중한 사람, 언제 어디서나 해탈의 경지에 이르려는 사람, 이들에게 있어서 삶은 너무나 힘든 고행의 길이다.

(법구경)

부모는 다섯 가지로 자식을 가르쳐야 한다.

자식을 단속하여 나쁜 짓을 하지 않게 해야 하며, 착한 것을 가르치며, 학문과 도를 가르쳐 주며, 좋은 배우자를 구해 주며, 때에 따라 적절하게 사랑을 주어야 한다.

자식이 부모를 공경하는 데도 다섯 가지가 있다.

받들어 봉양함에 모자람이 없게 해야 하고, 할 일을 먼저 부모에게 여쭈며, 부모의 하시는 일에 순종하여 부모의 말씀을 어기지 말 것이며, 부모가 하시는 바른 직업을 계승하는 것이다.

(선생경)

42

입은 모든 재앙을 끌어들이는 문이 된다. 그러므로 반드시 엄하게 지켜야 하고, 몸은 모든 불화의 원인이 된다. 그러므로 함부로 움직이지 말지니라. 자주 날아다니는 새는 언젠가는 그물에 걸리게 되고, 가벼이 날뛰는 짐승은 언젠가는 화살에 맞을 가능성이 있다. 그러므로 행동을 조심할지어다.

(자경문)

43

비록 헤아릴 수 없이 많은 적을 물리친다고 하더라도, 자기 자신을 이기는 것만 못하니, 자기 자신을 이긴 이가 최후의 승리자다. 먼저 자기 자신을 바르게 하고 그다음에 다른 사람들을 가르쳐라. 먼저 자기 자신을 올바르게 할 때 비로소 훌륭한 사람이라 할 수 있다.

(아함경)

44

온갖 악은 행하지 말고 많은 선善을 받들어 행하라. 그리고 자신의 마음을 청정하게 하라. 이것이 여러 부처님의 가르침이다.

(칠불통계)

45

사랑하는 사람을 백 명 가진 자에겐 백 가지 괴로움이 따른다. 아흔 명, 여든 명 혹은 두 명, 한 명이라도 사랑하는 사람을 가진 자에겐 그만큼의 괴로움이 뒤따른다. 그러나 사랑하는 사람을 갖지 않은 사람에게는 괴로움이 없다. 그런 사람에겐 슬픔도 없고 번뇌도 없다.

(우다나)

46

어머니의 은혜는 다음 열 가지로 나누어 들 수 있다.

자식을 잉태하여 열 달 동안 온 정성을 기울여 지키고 보호해 준 은혜, 자식을 낳을 때 괴로움을 겪는 은혜, 자식을 낳고도 모든 근심을 잊는 은혜, 입에 쓴 음식은 삼키고 단 음식은 아기에게 먹여 주는 은혜, 마른자리 골라 아이 눕히고 진자리에 눕는 은혜, 때맞추어 젖을 먹여 길러 준 은혜, 똥·오줌 가려 더러운 것을 빨아 주는 은혜, 자식이 먼길을 떠나면 생각하고 염려하는 은혜, 자식을 위해 온갖 궂은일을 다 하는 은혜, 늙어 죽을 때까지 자식을 사랑해 주는 은혜가 그것이다.

(부모은중경)

아버지가 없다면 태어날 수 없고, 어머니가 없다면 성장할 수 없다. 생명은 아버지로부터 받고 육체는 어머니로부터 받는 것이다. 이렇듯 사람은 태어나면서부터 어머니의 가슴을 잠자리로 하고, 어머니의 무릎을 놀이터로 하고, 어머니의 젖을 음식으로 하고, 어머니의 정을 생명으로 삼는다.

그러므로 가령 왼쪽 등에 아버지를 업고, 오른쪽 어깨에 어머니를 업고서 수미산을 백번 천번 돌아서 뼈가 닳아 골수가 드러난다 하더라도 부모님의 깊은 은혜는 다 갚을 수가 없느니라.

(부모은중경)

48

제자가 스승을 받들고 공경하는 데는 다섯 가지가 있다.

스승에게 필요한 물건은 무엇이든지 준비해 드리고, 예경·공경해야 하며, 존중하고 받들며, 스승의 가르침을 잊지 않아야 하며, 스승의 가르침을 어기지 말아야 한다. 제자된 자는 마땅히 이 다섯 가지 법으로 스승을 받들어야 한다.

또한 스승이 제자를 보살피는 데에도 다섯 가지가 있다. 법에 따라 제자를 보살펴야 하며, 그가 듣지 못한 것을 가르쳐 주고, 묻는 바를 알게 해줄 것이며, 착한 것을 보여 주고, 아는 것을 다 가르쳐 주어 인색하지 않아야 한다.

(선생경)

49

모든 재앙은 입에서 나온다. 그러므로 함부로 입을 놀리거나 원망하는 말을 해서는 안 된다. 맹렬한 불길이 집을 태워 버리듯, 말을 조심하지 않으면 이것이 불길이 되어 내 자신을 태우고 말 것이다. 중생의 불행한 운명은 입에서부터 시작된다. 입은 몸을 망치는 도끼요 몸을 찌르는 날카로운 칼날이다.

(법구경)

50

말이 많은 사람에게는 다섯 가지 허물이 따르게 된다. 타인이 그 사람의 말을 믿지 않게 되고, 그 사람이 말하는 것을 받아들이지 않게 되고, 남의 미움을 사게 되고, 거짓말이 많게 되며, 남들을 싸우게 한다.

(증일아함경)

51

오로지 입을 지켜라.

망령되게 남을 헐뜯지 말며, 남의 나쁜 말을 전하지 말며, 언쟁으로 남의 뜻을 상하게 하지 말며, 듣지 않은 것을 들었다고 하지 말며, 보지 않은 것을 보았다고 말하지 말라. 악한 말은 자기 자신도 해롭고 남에게도 해를 입힌다. 피차가 해롭다. 그러나 착한 말을 닦아 익히면 자기도 이롭고 남도 이롭다. 피차가 다 이롭다.

(대장엄론경)

52

사람은 사람을 의존하고 사람은 사람을 구속한다. 사람은 사람으로부터 해를 당하고 사람은 사람에게 해를 입힌다.

(장로게경)

53

보시하면 다섯 가지 공덕이 있나니, 좋은 이름이 널리 퍼지고 누구를 만나도 두렵지 않고 많은 사람들의 존경을 받고 스스로 기쁨을 누리고 죽어서는 천상에 태어난다.

보시는 중생을 위한 복(福) 그릇이요, 진리에 이르는 길이니, 누구라도 보시의 공덕을 생각하거든 기쁘고 즐거운 마음을 내어 보시하라.

(아함경)

54

　평소에 부지런하고 갖가지 착한 일을 많이 한 사람이 있었다. 그가 죽을 때 악한 사람들이 찾아와, "죽은 후에는 지옥에 떨어지라"고 저주했다. 그가 과연 지옥에 떨어질 것인가. 그것은 당찮은 말이다. 기름병을 깨뜨려 물에 던지면 병조각은 밑으로 가라앉고 기름은 물 위로 뜨는 것과 같이 착한 일을 많이 한 사람은 저절로 하늘로 올라가 반드시 좋은 곳에 이르게 될 것이다.

(중아함경)

평소에 걸핏하면 살생을 하고 남의 것을 제 것으로 만들며, 오입질을 하고, 거짓말을 하며 요사스런 소견을 가지는 등 온갖 악행을 한 사람이 있었다.

그가 죽을 때 많은 사람들이 찾아와 "죽은 후에는 천상에 태어나지이다" 하고 축원했다. 그는 과연 천상에 태어날 수 있을까? 그것은 당찮은 말이다. 연못 속에 무거운 돌을 던져 놓고, "돌아 떠올라라, 돌아 떠올라라" 하고 아무리 기도해도 떠오르지 않는 것과 같이, 나쁜 업을 지은 사람은 저절로 지옥에 떨어질 것이다.

(중아함경)

56

어리석은 사람은 자신이 할 수 있는 일은 하지 않고, 반대로 할 수 없는 일을 하려고 애쓴다. 그러나 지혜로운 사람은 자신이 할 수 없는 일은 하지 않고 자기가 할 수 있는 일만 열심히 한다. (증일아함경)

57

지나치게 인색하지 말고, 성내거나 질투하지 말라. 이기심을 채우고자 정의를 등지지 말고, 원망을 원망으로 갚지 말라. 위험에 직면하여 두려워 말고, 이익을 위해 남을 모함하지 말라.

객기부려 만용하지 말고, 허약하여 비겁하지 말며, 지혜롭게 중도中道의 길을 가라. 이것이 지혜로운 이의 모습이다. 사나우면 남들이 꺼려하고, 나약하면 남이 업신여기나니, 사나움과 나약함을 버리고 중도를 지켜라. (잡보장경)

58

높은 곳에 있는 이는 반드시 위태로움이 있고, 보물을 모은 이는 반드시 어려움에 처하게 되며, 사랑하는 이들에겐 이별이 있고, 한 번 이 세상에 태어난 것은 반드시 죽음이 따르며, 빛은 반드시 어둠을 동반한다. 이것은 불변의 진리이다.

(열반경)

59

비록 헤아릴 수 없이 많은 적을 물리친다고 하더라도, 자기 자신을 이기는 것만 못하니, 자기 자신을 이긴 이가 최후의 승리자다. 먼저 자기 자신을 바르게 하고 그다음에 다른 사람들을 가르쳐라. 먼저 자기 자신을 올바르게 할 때 비로소 훌륭한 사람이라 할 수 있다.

(아함경)

60

사람의 몸은 얻기가 어렵다. 비록 사람의 몸을 얻을지라도 이목구비를 잘 갖추기 어렵고, 비록 이목구비를 잘 갖출지라도 믿는 마음을 얻기 어렵고, 비록 믿는 마음을 얻을지라도 착한 벗을 만나기 어렵고, 비록 착한 벗을 만날지라도 소유하기 어렵고, 비록 소유한다고 해도 모든 것은 무상無常한 것이다.

(우바새계경)

61

사귐이 깊어지면 애정이 싹트고 사랑이 깊어지면 고통의 그림자가 따른다. 그러므로 사랑으로부터 시작되는 많은 고통의 그림자를 깊이 관찰하고 저 광야를 가고 있는 무소의 뿔처럼 혼자서 가라.

(숫타니파타)

62

모든 중생은 갖가지 애정과 탐심과 음욕 때문에 생사에 윤회한다. 음욕은 애정을 일으키고 애정은 생사를 일으킨다. 음욕은 사랑에서 오고 생명은 음욕으로 생긴다. 음욕 때문에 마음에 맞거나 거스름이 생기고, 그 대상이 사랑하는 마음을 거스르면 미움과 질투를 일으켜 온갖 악업을 짓는다. 그러므로 생사의 괴로운 윤회에서 벗어나려면 먼저 탐욕을 끊고 애정의 갈증에서 벗어나야 한다. (원각경)

63

살아 있을 때는 삶, 이 자체가 되어 살아가야 한다. 죽을 때는 죽음, 그 자체가 되어 죽어야 한다. 그렇게 되면 이제 그 어떤 두려움이나 불안한 마음도 없게 된다. (벽암록)

64

술에 취하여 밤과 낮을 알지 못하고 비틀거리는 사람, 그는 지금 자신의 생명의 뿌리를 마구 파헤치고 있는 것이다. 인간이여, 이를 알지라. 절제할 줄을 모르는 것은 죄악이니, 탐욕과 바르지 못함으로 말미암아 그대 자신으로 하여금 기나긴 고통을 받지 않도록 하라.

(법구경)

65

지나간 것(과거)을 쫓아가지 말라. 오지 않는 것(미래)을 바라지 말라. 과거는 이미 지나가 버렸고 미래는 아직 오지 않았다. 그리고 지금 현재도 잘 관찰해 보면 순간순간 변해 가고 있다. 그러므로 '지금, 여기'를 살도록 노력하지 않으면 안 된다.

(중부경전)

66

남을 속여서는 안 된다. 또 남을 멸시해서도 안 된다. 남을 괴롭히거나 고통을 주어서도 안 된다. 어머니가 자식을 보호하듯 살아 있는 모든 생명체에 대해서 한없는 연민의 마음을 가져야 한다. 그리하여 자비심이 골고루 스며들게 하라. 위로, 아래로 또는 옆으로 온누리에 두루두루 스미게 하라. 서 있을 때나 걸을 때나 앉을 때나 누울 때나 이 연민의 마음을 굳게 지녀라.

(숫타니파타)

67

큰 소리에 놀라지 않는 사자와 같이, 그물에 걸리지 않는 바람과 같이, 흙탕물에 더럽혀지지 않는 연꽃과 같이, 무소의 뿔처럼 혼자서 가라.

(숫타니파타)

68

생명이 있는 것을 죽이거나 남을 시켜 죽이거나, 갖가지 수단으로 죽이거나, 또 죽이라고 부추기거나, 죽이는 것을 보고 기뻐하거나 주문을 외워 죽여서도 안 된다. 생명이 있는 것을 죽여서는 안 되나니, 불제자는 항상 자비스런 마음과 공손한 마음으로 모든 이웃을 구제해야 한다. 그런데 도리어 방자한 생각과 통쾌한 마음으로 산 것을 죽인다면 그것은 큰 죄가 된다.

(범망경)

69

아, 늙음과 죽음과 병듦, 이것이 젊음을 짓밟는구나. 젊었을 때는 즐겁더니 이제는 죽음의 핍박을 받고 있구나. 그대, 불멸을 구하고자 하는가? 오직 깨달음의 길이 있을 뿐이다. 거기에는 태어남도 죽음도 모두 없기 때문에.

(잡비유경)

70

살아 있는 생명을 함부로 해치며 살아 있는 생명에 대해 연민의 마음이 없는 사람, 재산이 많으면서도 부모를 봉양하지 않는 사람, 부모나 형제·자매 또는 시부모를 때리거나 욕하는 사람, 그는 실제로는 존경받을 수 없는 사람이다. 그리고 '나는 존경받는 성자'라고 자칭하며 이 세상을 기만하는 사람, 이런 사람을 일러 비천한 사람이라 한다.

(숫타니파타)

71

선도善道 가운데 으뜸은 진실한 말이다. 모든 등불 가운데 으뜸은 진실의 등불이다. 모든 병을 치료하는 약 중에 으뜸은 진실한 말의 약이 제일이니, 자신과 타인을 위하여 거짓을 말하지 말라. 그것이 곧 천상에 나는 길이다.

(정법염처경)

72

이른 새벽에 초인종이 울렸다. 집주인은 문을 열었다. 아리따운 여인이 서 있었다. 그녀는 말했다. "난 행복의 신입니다. 당신에게 행복을 주려고 찾아왔습니다." 집주인은 반갑게 그녀를 맞아들였다.

그런데 잠시 후 또 초인종이 울렸다. 문을 열자 추녀가 서 있었다. 집주인은 큰소리로 말했다. "당장 꺼져라. 이 미친년이 아침부터 재수없게 남의 집 문전을 기웃거려……."

그러자 추녀가 말했다. "난 불행의 신이고, 조금 전에 들어간 여인은 나의 언니로 행복의 신입니다. 우리 둘(행복과 불행)은 떨어지지 않습니다. 둘 중에 하나를 선택하십시오"

(아함경)

●— 행복은 언제나 불행과 함께 온다는 뜻이다.

73

늘음과 죽음은 자기가 만든 것도 아니고, 남이 만든 것도 아니며, 자기와 남이 만든 것도 아니다. 그렇다고 해서 원인 없이 만들어진 것도 아니다. 다만 태어남이 있기 때문에 늘음과 죽음이 있을 뿐이다.

(잡아함경)

74

어리석은 사람은 지혜로운 사람을 이기고자 악담, 거친 말을 마구 퍼붓는다. 진실로 승리하는 사람은 침묵을 지키나니, 참는 마음은 분한 마음을 이길 수 있고 선행은 악행을 이길 수 있으리라.

분한 마음을 안고 있는 사람이여, 그대 속에 고통과 괴로움이 함께하며 불길 같은 마음에 사로잡힌 사람이여, 그 마음을 버리지 않는다면 끝내 스스로 깨달을 수 없으리.

(법집요송경)

75

죽음에는 이런 것이 있다.

뉘우치고 죽는 것이니 이른바 중생이요

횡사하는 죽음이니 이른바 고독하고 외로운 사람
이요

얽매여 죽는 것이니 이른바 축생(짐승)이요

뜨겁고 고통스럽게 죽는 것이니 이른바 지옥이요

목마르고 배고파 죽는 것이니 이른바 아귀(굶주린
귀신)이니라.

(십이품생사경)

76

사람에게는 네 가지 고독함이 있나니, 태어날 때는
혼자서 오고, 죽을 때도 혼자서 가며, 괴로움도 혼자
서 받고, 윤회의 길도 혼자서 가는 것이니라.

(근본설일체유부 비나야잡사)

77

부처님께서 사왓띠 아나따삔디까 동산에 계실 때 말씀하셨다.

"다른 사람의 것을 훔치고 취하는 자는 현재에서도 두려움을 일으키고, 미래에서도 두려움을 일으키고, 또 마음속에서도 괴로움을 겪게 된다.

(아함경)

78

태어난 것은 반드시 죽게 된다. 생명이 있는 모든 것은 진실로 이러한 법칙에서 벗어나지 못한다.

산 사람들에게 유용한 것은 죽은 이에게는 쓸모가 없다. 죽은 이를 위해 슬퍼 우는 것은 부질없는 일이다.

(장로게경)

79

태어난 것은 죽음을 피할 길이 없다. 늙으면 죽음
이 온다. 실로 생이 있는 자의 운명은 이런 것, 태어난
자는 죽지 않으면 안 된다. 그들에게는 항상 죽음의
두려움이 있다. 젊은이도, 노인도, 어리석은 이도, 지
혜로운 이도 모두 죽음에는 굴복해 버린다.

(숫타니파타)

80

메아리 울리는 바위굴로 염불당을 삼고 슬피 우는
오리새로 마음의 벗을 삼을지니라. 절하는 무릎이 얼
음처럼 차갑더라도 따뜻한 것 구하는 생각이 없어야
하며 주린 창자가 끊어지는 것 같더라도 밥 구하는
생각을 갖지 말지니라. 인생, 어느덧 백 년, 어찌 닦지
않고 방일하는가.

(발심수행장)

81

친지의 죽음은 곧 우리들 자신의 한 부분의 죽음을 뜻한다. 그리고 우리들 차례에 대한 예행연습이며 현재의 삶에 대한 반성이다. 삶은 불확실한 인생의 과정이지만 죽음만은 틀림없는 인생의 매듭이기 때문에 보다 엄숙할 수밖에 없다.

삶에는 한두 차례 시행착오가 용납될 수 있다. 그러나 죽음에는 그럴 만한 시간적인 여유가 없다. 그러니 잘죽는 일은 바로 잘사는 일과 직결되어 있다.

(본생경)

82

비록 많은 것을 들어 알아도 자기 체험이 없으면 그것은 마치 장님이 등불을 들어 남을 밝혀 주면서 자기 앞은 보지 못하는 것과 같다.

(대장엄론경)

83

매일밤 한이불 속에서 살을 부딪치며 산다고 해도 마음이 통하지 않으면 그 사람은 천리 만리요, 비록 머나먼 곳에 떨어져 있다 해도 마음이 서로 통하면 그 사람은 언제나 그대 곁에 있다. 그대 마음속에……

(육방예경)

84

해가 뜨고 지는 것, 그것은 세월을 재촉하는 것이다. 달이 뜨고 지는 것, 그것은 우리를 늙음으로 이끌고 가는 것이다. 명예욕과 탐욕, 그것은 아침 이슬과 같고 고통과 번민, 영화와 출세 그것은 저녁 무렵의 연기와 같다.

(자경문)

85

철없는 아이가 수면에 비친 달을 건지려고 하는 것을 보고 어른은 웃는다. 무지한 사람은 달을 건지려는 어린아이와 같다. 그는 이 모든 것을 영원한 실재라고 생각하며 자기 자신은 언제나 늙지도 않고 변하지도 않을 것처럼 착각하고 있다.

(대지도론)

86

하루하루가 흘러 한 달이 되고 한 달 한 달이 흘러일 년이 되고 한 해 두 해가 흘러서 어느덧 죽음의 문턱에 이르게 된다. 망가진 수레는 갈 수 없고 늙어 버리면 닦을 수 없다. 그런데도 누워서 갖가지 잡념과 게으름을 피운다. 닦은 공덕이 얼마나 있길래 이토록 허송세월을 하고 있는가! 이 몸은 언젠가는 죽음에 이르게 될 것이다. 다음 생은 어찌할 것인가. 서둘지어다. 그대!

(발심수행장)

87

삶에는 일정한 틀이 없으며 본질적으로 공허하다. 따라서 어떤 틀에 매여 있다면 그것을 거부해야만 한다. 만일 그대가 자아, 넋, 태어남 또는 죽음을 보게 되거든 그것들 모두를 거부할 일이다.

(달마)

88

우리는 죽음을 기뻐하지 않는다. 삶도 기뻐하지 않는다. 생각을 가다듬어 다소곳하게 죽음이 올 날을 기다린다. 우리는 스승(부처님)을 섬겼다. 스승의 가르침을 실천하였다. 무거운 짐은 벗어 버렸다. 헛된 삶의 구렁텅이로 빠져드는 불행은 근절되었다. 출가하여 집 없는 삶을 시작한 목적을 달성했다. 그것은 일체의 속박에서 벗어나는 것이었다.

(장로게경)

89

병든 사람이 있으면 자비로운 마음으로 간호해야 하며, 손님을 맞이할 때는 기쁘게 맞이해야 하며, 어른을 만나거든 공손히 비켜야 하며, 생활도구는 모름지기 검소·절약하며 만족할 줄 알아야 한다.

(초발심자경문)

90

높은 산과 바위는 지혜 있는 사람이 살 만한 곳이며, 푸른 솔 깊은 골짜기는 수행하는 사람이 살 만한 곳이다. 배고프면 나무 과실을 먹고, 목마르면 흘러가는 물을 마셔서 갈증을 달랠지어다. 아무리 좋은 음식과 좋은 옷으로 애지중지해도 육신은 언젠가 죽음에 이르게 된다는 사실을 망각하지 말지어다.

(발심수행장)

91

바람을 마주하여 먼지를 털면 그 먼지가 다시 자신에게로 돌아오듯이 미움을 미움으로 대하면 그 미움은 반드시 자신에게로 돌아온다. 미워하는 사람이나 미움을 미움으로 대하는 사람은 그 누구든 재앙을 벗어나지 못하나니 원망을 원망으로 갚지 말라. 그것이 원수를 항복 받을 수 있는 유일한 길이다.　　(잡아함경)

92

마음은 모든 성자의 근원이며 만 가지 악의 주인이다. 해탈의 즐거움도 자신의 마음에서 오는 것이고, 윤회의 고통도 마음에서 온다. 그러므로 마음은 이 세상을 뛰어넘는 문이고 해탈로 나아가는 나루터. 일단 마음의 문을 열면 나아가지 못할까 걱정할 것 없고, 나루터를 알면 강 건너 기슭(피안)에 이르지 못할까 근심할 것 없다.　　(달마)

93

무슨 일이든지 앞과 뒤의 순서가 있게 마련이다. 우선순위에 따라 미리 준비하라. 막상 그때에 닥쳐서 허둥댈 필요가 있겠는가. 시기가 임박해서야 비로소 기울이는 노력은 사실은 마땅히 할 일을 하지 않은 거나 다름없다.

(본생경)

94

일어나 앉아라. 잠을 자서 그대들에게 무슨 이익이 있겠는가. 화살에 맞아 고통 받는 이에게 잠이 웬 말인가. 일어나 앉아라. 평안을 얻기 위해 일념으로 배우라. 게으름은 먼지와 같은 것, 먼지는 게으름 때문에 생긴다. 애써 닦음으로써, 그리고 밝은 지혜로써 박힌 화살을 뽑으라.

(숫타니파타)

95

술은 독약毒藥이고 독수毒水이며 독기毒氣이다. 술은 모든 잘못의 시초이며 모든 악의 근본이고, 현명함을 쫓아내고 성스러움을 깨뜨리며, 도덕을 흐트리고 망령된 행위로 화禍를 부르는 근본이 된다.

(대애도비구니경)

96

잠 못 드는 사람에게 밤은 길고, 갈 곳 모르는 사람에게 길은 멀어라. 어리석은 사람에게는 생사의 길은 멀고 머나니 그것은 바른 진리를 모르기 때문이다. 바른 진리는 불멸의 길이라 하고, 방일은 죽음의 길이라 하나니, 탐하지 않으면 죽지 않을 것이요, 진리를 잃으면 스스로 죽을 것이다.

(출요경)

97

술에 빠지게 되면 다음과 같은 여섯 가지의 과오가 생긴다. 첫째 당장 재산의 손실을 입게 되며, 둘째 다툼이 잦아지며, 셋째 쉽게 병에 걸리며, 넷째 악평을 듣게 되며, 다섯째 벌거숭이가 되어 치부를 드러내게 되며, 지혜의 힘이 약해지는 것이다. (아함경)

98

흘러간 과거를 뒤쫓지 말라. 오지도 않은 미래를 갈구하지도 말라. 과거는 이미 흘러가 버린 것, 미래는 아직 오지 않은 것, 그러므로 현재의 일을 있는 그대로 흔들림 없이 정확히 보고 실천하여야 한다.

다만 오늘 해야 할 일을 열심히 하라. 누가 내일 죽는 것을 알리오. 저 죽음의 군대와 마주치지 않을 자는 없다. 이와 같이 잘 깨닫는 사람은 한마음으로 게으름 없이 오늘의 일을 실천한다. (아함경)

99

마음은 바람과 같다. 멀리 가므로 잡을 수 없으며
그 모습을 볼 수가 없다. 마음은 흐르는 물과 같다.
머무는 일 없이 태어났다가는 곧 사라져 버린다.

(대보적경)

100

그대들은 서로 싸우지 말라.

만일 말로 옳고 그름을 다투어 말로 마치려 한다
면, 한평생을 싸워도 끝낼 수 없을 것이다. 오직 인내
하는 것만이 진실로 말다툼을 막을 수 있나니, 이러
한 가르침이야말로 존귀하다 할 것이다.

(아함경)

2장

수행

피안으로
가는 길

1

우리의 몸은 마른 나무나 풀과 같고 성난 마음은 불과 같다. 그래서 남을 태우기 전에 먼저 제 몸을 태운다. 한순간의 분노는 능히 착한 마음을 태워 버린다.

(법구경)

2

몸은 땅과 같다. 그리고 착한 생각은 벼와 같고 악한 생각은 풀과 같다. 풀을 제거하지 않으면 벼를 수확할 수 없듯이, 악한 생각을 버리지 않으면 깨달음을 얻을 수 없다. 분노를 갖고 있으면 모든 것이 가시덤불이 된다.

(아함경)

3

녹이 쇠에서 나서 다시 그 쇠를 녹슬게 하듯이, 악도 그 사람의 몸에서 나서 다시 그 몸을 망친다. 올바르지 못한 행실은 마음에 묻어 있는 때요, 탐욕은 잘못된 보시(자선행위)의 때요, 악한 행동은 이 세상과 다음 세상의 때다. 그러나 이러한 때보다도 더 심한 때는 무지의 때다. 이 무지의 때를 씻어 버리지 않으면 영혼의 새벽은 오지 않는다.

(법구경)

4

나쁜 친구를 가까이하지 말고, 어리석은 이치를 따르지 말라. 사람이 본래 악한 것은 아니지만, 나쁜 친구를 가까이하면, 어느 결에 나쁜 버릇이 들어 길이 어둠 속에 갇히게 된다.

(아함경)

5

속박과 생존에 대한 집착을 없애 버리고, 저 진리
의 세계로 들어간 사람, 애욕의 길을 완전히 끊어서
가을같이 투명한 사람, 자신을 깊이 관찰한 사람, 똑
똑하고 꿋꿋하고 넉넉한 사람, 그 마음씨가 거칠지 않
으며, 모든 불신감에서 벗어난 사람은 당연히 공경을
받을 자격이 있다.

(숫타니파타)

6

억새풀도 잘못 잡으면 손바닥을 베듯이, 수행자의
행위도 올바르지 못하면 지옥에 떨어지게 된다. 두려
워하지 않아도 될 일을 두려워하고, 두려워해야 할 일
에 두려워하지 않는 사람들은 그릇된 견해에 빠져 있
는 것이니 지옥에 떨어진다.

(법구경)

7

흔히 사람들은 육신을 '나'요, '내 것'이라고 생각한다. 그리하여 육신이 늙고 쇠잔해지는 데서 근심과 고통을 일으킨다.

그러나 현명한 사람들은 육신을 '나'라고 보지도 않고 '내 것', '나의 것'이라고 보지도 않는다. 따라서 육신이 늙고 쇠잔해도 근심과 번뇌와 고통을 일으키지 않는다. 이것을 일러 마음에 병이 없다고 말하는 것이다.

(증일아함경)

8

구도의 마음을 일으키는 이 한 생각은 저 영원으로 이어진다. 그리고 저 영원한 시간은 진리를 향한 이 한 생각 속으로 응집된다.

(법성게)

9

많은 공덕을 쌓아라. 그 공덕은 뜨거운 불도 태우지 못하고 바람도 날려 보내지 못한다. 또한 홍수가 세상을 휩쓸어도 그 공덕은 휩쓸고 가지 못한다. 험악한 도적이 남의 재물을 빼앗아 가도 쌓은 공덕만은 훔쳐가지 못하나니, 은혜로운 마음으로 쌓은 마음의 창고는 끝내 무너지지 않으리라.

(아함경)

10

사람으로 태어나기란 참으로 어려운 일이다. 비유하자면 큰 바다 속에 살고 있는 눈먼 거북이가 구멍 뚫린 통나무를 만나는 것과 같다. 범부 중생이 윤회하면서 다시 사람으로 태어나기란 눈먼 거북이가 구멍 뚫린 나무를 만나는 것보다 더 어려운 일이다.

(잡아함경, 맹구경盲龜經)

11

수행하는 사람에게는 일곱 가지 성스러운 재산이
있다.

믿음을 갖는 것, 계율을 지키는 것, 양심의 부끄러
움이 있는 것, 남에게 용서받을 줄 아는 것, 많이 듣는
것, 널리 베푸는 것, 어리석지 않은 지혜가 재산이다.

(아함경)

12

활을 만드는 사람은 활촉을 단속하고, 뱃사공은 선
박을 단속한다. 목수는 목재를 단속하고, 지혜로운
사람은 행동을 신중하게 하여 비방과 칭찬에 동요하
지 않는다. 마치 큰 바위가 바람에 흔들리지 않듯 지
혜 있는 사람은 그 마음이 깨끗하다. 마치 깊은 못이
맑고 환한 것과 같다.

(법구경)

13

모든 사람은 반드시 죽는다. 그들은 죽음에 붙잡혀 저 세상으로 가지만 부모도 그 자식을 구하지 못하고 어느 누구도 죽음으로 가는 이들을 구하지는 못한다.
보라, 모든 이들이 애타는 마음으로 지켜보지만 그들은 하나씩 도살장으로 끌려가는 소처럼 사라져 간다.

(삼매경)

14

참선을 하는 데는 반드시 세 가지 중요한 것이 있어야 한다. 첫째는 큰 신심信心이요 둘째는 큰 분발심憤發心이요 셋째는 큰 의문심疑問心이니, 만약 그 속에 하나라도 빠지면 다리 부러진 솥과 같아서 소용 없이 되고 말 것이다.

(선가귀감)

15

바보라고 놀림을 받는 주리반특이 부처님께 여쭈었다. "부처님, 저는 너무 어리석어서 아무리 노력을 해도 잘 되지 않습니다. 어떻게 하면 수행을 할 수 있을까요?" "걱정 말아라, 주리반특이여. 자기가 어리석은 줄 아는 사람은 어리석은 사람이 아니다. 참으로 어리석은 자는 자기가 어리석다는 사실조차도 모르는 사람이다."

(아함경)

16

술을 자주 마시는 자는 현재에서도 지혜가 맑지 못하고, 미래에서도 지혜가 맑지 못하고, 또 마음속에서도 괴로움을 겪게 된다.

(아함경)

17

욕망에 의한 쾌락도 있고, 혼자 떨어져 사는 데서 오는 고통도 있다. 그러나 욕망에 의한 쾌락보다는 혼자 떨어져 사는 고통이 더 낫다. 부정한 방법으로 살아가는 방법도 있고, 법을 지키며 살다가 죽는 경우도 있다. 부정한 방법으로 살아가기보다는 법을 지키며 살다가 죽는 것이 더 낫다.

(아함경)

18

잘 길들여진 코끼리는 아무리 무거운 짐을 나를지라도 지치는 일이 없다. 그와 마찬가지로 마음이 잘 닦여진 보살은 모든 중생의 무거운 짐을 나를지라도 지치지 않는다.

(보적경)

19

화살을 잘못 잡으면 손바닥을 상하듯, 수행자의 행실이 옳지 못하면 지옥으로 끌려 들어간다. 화살을 바르게 잡으면 손바닥을 상하는 일이 없듯이 수행자의 행실이 바르면 깨달음은 가까이에 있다.

(법구경)

20

출가하여 수행자가 되는 것이 어찌 작은 일이랴. 편하고 한가함을 구해서가 아니며, 따뜻이 입고 배불리 먹으려고 하는 것도 아니며, 명예나 재산을 구해서도 아니다. 오로지 생사生死의 괴로움에서 벗어나려는 것이며, 번뇌의 속박을 끊으려는 것이고, 부처님의 지혜를 이으려는 것이며, 고통받고 있는 중생들을 건지기 위해서이다.

(선가귀감)

21

보살(구도자)은 모든 생명을 사랑하고(慈), 모든 생명을 연민히 여기고(悲), 모든 생명에게 기쁨을 주고(喜), 모든 생명을 평등히 대하는(捨) 네 가지 마음(四無量心)을 닦아야 한다. 사랑하는 마음을 닦는 이는 탐욕을 끊게 되고, 연민히 여기는 마음을 닦는 이는 분노를 끊게 되며, 기쁨을 주는 마음을 닦는 이는 괴로움을 끊게 되고, 평등한 마음을 닦는 이는 탐욕과 분노, 차별 두는 마음을 끊게 된다. 이 네 가지 마음은 온갖 착한 일의 근본이 된다.

(열반경)

22

만약 너희들이 공포와 두려움이 생기거든 나(부처
님)를 생각하라. 그러면 두려움이 사라질 것이다. 만
일 나를 생각할 수 없거든 법(부처님 가르침)을 생각하
라. 그러면 두려움이 사라질 것이다. 만일 나를 생각
할 수도 없고 법도 생각할 수도 없거든 그때에는 스님
들을 생각하라. 그러면 두려움이 사라질 것이다.

(아함경)

23

머리와 수염을 깎고 수행자가 되어 내 가르침을 따
르는 사람들은 세속의 온갖 재산을 버리고 남에게 얻
은 것으로써 만족하라. 하루 한 끼만 먹고 한 나무 아
래에서 하루 이상 머무르지 말라. 마음을 어리석게
하는 것은 애착과 탐욕이기 때문이다.

(사십이장경)

24

어떤 것이 진정한 수행자인가. 수행자에는 네 종류가 있다. 겉모양만 그럴듯한 수행자, 점잖은 체하면서 남을 속이는 수행자, 명예와 칭찬만을 추구하는 수행자, 진실하게 닦는 수행자이다.

그렇다면 진실하게 닦는 수행자란 어떤 사람인가. 그는 몸이나 생명에 대해서도 바라는 것이 없다. 그런데 하물며 자기 이익과 존경이나 명예에 대해서이겠는가.

(보적경)

25

세월은 덧없이 흘러간다. 게으름을 피우지 말고 부지런히 수행에 힘써라. 오직 저 니르바나(열반)를 향해 나아가리라.

(장부경전)

26

아무리 칭찬을 해도 또 비난을 퍼부어도 기둥과 같이 움직이지 않는 사람, 욕정을 떠나 모든 감각기관을 잘 다스리는 사람, 자신을 잘 지켜 악을 피하고 젊었을 때도 중년이 되어서도 자신을 지킬 줄 아는 사람, 남을 괴롭히지도 않고 또 괴롭힘을 당하지도 않는 사람, 이런 사람을 진정한 성자라 한다. (숫타니파타)

27

이것저것 세속의 일에 너무 힘쓰지 말라. 사람들을 멀리하라. 자질구레한 인연을 억지로 만들지 말라. 걸근대며 좋은 맛을 탐닉하는 사람은 복을 만들 기회를 놓치고 만다. 참된 수행자는 사람들로부터 받는 공양과 존경에 초연하다. 날카로운 화살은 뽑아 내기 힘들다. 그와 마찬가지로 평범한 사람은 남에게 받는 존경으로부터 초연하기 힘들다. (장로게경)

28

사람들로부터 떠나 고독한 생활을 닦고 익히라. 번뇌의 속박으로부터도 벗어나라. 만약 그곳에서 즐거움을 얻을 수 없으면 자기 자신을 잘 지키고 바른 결심을 가지면서 대중 속에 살아라.

(장로게경)

29

아무리 재주와 학식이 있다고 하더라도 청정한 계행이 없는 사람은 좋은 곳으로 인도해도 가지 않는다. 또 아무리 부지런히 실천해도 지혜가 없는 사람은 분명히 동쪽으로 걸어갔지만 결과는 서쪽을 향해 걸어가는 것과 같이 된다.

(발심수행장)

30

믿음의 마음을 가지고 나는 출가하여 집 없는 수행자의 길로 들어섰다. 나의 견해와 지혜는 크게 성장했다. 나의 마음은 잘 안정되어 있다. 악마여, 어떤 모습으로든지 나타나 보라. 하지만 나를 괴롭히지는 못할 것이다.

(장로계경)

31

그 누군들 산속에 들어가 도를 닦고 싶은 마음이 없겠는가. 그러나 산속에 들어가 도를 닦지 못하는 것은 세속의 애욕에 얽혀 있기 때문이다. 비록 산속에 들어가 마음을 닦지 못한다 하더라도 늘 부지런히 선행善行을 버리지 말라.

(발심수행장)

32

숲속에 사는 사람이 되어라. 탁발로 끼니를 잇는
사람이 되어라. 누더기 옷을 걸치는 사람이 되어라.
앉은 그대로 눕지 않는 사람이 되어라. 늘 오염에서
떨쳐 일어나 고행을 즐기는 사람이 되어라. 이렇게 그
대는 나를 다그쳤다. 마음이여.

(장로게경)

33

부모형제와 이별하고 출가한 사문은 욕망을 없애
고 애욕을 끊어야 한다. 마음의 근원과 불법의 깊은
이치를 알아서 번뇌가 소멸된 니르바나(열반)의 경지
에 이르러야 한다. 안으로는 얻을 것이 없고 밖으로는
구할 것이 없어야 한다. 그리하여 마음은 진리에도 매
이지 않아야 한다. 그러면 업도 짓지 않게 될 것이다.

(사십이장경)

34

　우리는 숲속에서 고독하게 살고 있다. 숲속에 나뒹
구는 나뭇조각같이. 하지만 많은 사람들은 우리를 부
러워한다. 지옥에 떨어진 이들이 천상에 사는 이들을
부러워하듯.

(장로게경)

35

　수행은 큰 나무의 씨를 키워 싹이 트게 하고 꽃을
피게 하여 열매 맺게 하는 것과 같다.

(대집비유경)

36

마음이 침체되어서는 안 된다. 또한 쓸데없이 많은
것을 생각해서도 안 된다. 걸림이 없이 청정한 행을
궁극의 의지처로 삼아라. 홀로 앉는 일과 수행자에게
봉사하는 일을 배우라. 구도자의 길은 홀로 있는 것이
다. 홀로 있어야만 즐거울 수 있다.

(숫타니파타)

37

마음속에 애욕을 멀리한 것을 수행자라고 하고, 세
속의 잡된 일들을 생각하지 않는 것을 진정한 출가라
한다.

(발심수행장)

38

좋아하는 것이나 좋아하지 않는 것이나 다 버리고
아무것에도 집착하거나 매이지 않고 온갖 속박에서
벗어난다면 그는 세상을 바르게 관찰할 것이다. 말과
생각과 행동으로 거역하지 않고 바르게 법을 알아 열
반의 경지를 구한다면 그는 세상을 바르게 관찰할 것
이다. 수행자가 자기 분수에 알맞은 것을 알고 세상에
서 아무것도 해치지 않고 사실 그대로 이치를 안다면
그는 세상을 바르게 관찰할 것이다. 그에게 있어서 어
떤 잠재적인 집념도 없이 악한 뿌리가 뿌리째 뽑히고
바라는 것도 구하는 것도 없다면 그는 세상을 바르게
관찰할 것이다. 과거와 미래에 대해서 쓸데없는 생각
을 하지 않고 지극히 깨끗한 지혜가 있어 모든 변화
하는 현상의 영역에서 벗어나 있으면 그는 세상을 바
르게 관찰할 것이다.

(숫타니파타)

39

    사람은 사람에게 구속당하며 사람은 사람을 의존한다. 사람은 사람에게 해를 입히고 사람은 사람으로부터 해를 당한다.

(아함경)

40

    죽음이 찾아오면 그대와 함께 할 수 있는 동반자는 아무도 없다. 떼를 지어 잠을 자는 새들도 아침이 되면 각자 흩어지듯이 그대 또한 사랑하는 자식과 아내, 남편, 친지들과 헤어져 혼자 저 세상으로 가리… 오직 끝까지 그대를 따르는 것은 그대가 지은 선과 악 뿐이다.

(정법안장)

41

청정한 계행은 번뇌를 버리고 천상으로 인도하는 사다리이다. 그러므로 파계한 행동을 하면서 타인의 복전이 되려고 하는 것은 마치 날개 부러진 새가 거북이를 등에 업고 하늘을 날려고 하는 것과 같다. 자기의 죄를 벗지 못하면서 어찌 남의 죄를 벗겨 줄 수가 있겠는가.

(발심수행장)

42

애착하는 것이 있으면 좋고 나쁨을 가리게 되고, 좋고 나쁨을 가리게 되면 더욱 애착하게 된다. 좋고 나쁨을 가림과 애착은 서로 얽히고 얽혀서 고통은 더욱 깊어진다. 그래서 갈등과 번민으로부터 떠날 날이 없다. 애착으로 인해서 욕심이 생기나니 자기를 잘 다스려 탐욕에 물들지 않도록 해야 한다.

(아함경)

43

지혜 있는 사람의 행동은 쌀로 밥을 만들고 지혜 없는 사람의 행동은 어리석게도 모래를 가지고 밥을 만들려고 한다. 누구나 다 배고프면 먹을 줄은 알면서도 배워서 어리석은 마음을 바로잡을 줄은 모른다. 그러므로 행동과 지혜는 수레의 두 바퀴와 같고 새의 두 날개와 같다.

(발심수행장)

44

戒계란 무엇인가. 자기 자신에 대한 집착을 버리고 저 제불보살들의 뒤를 따르겠다고 마음속으로 굳게 다짐하는 바로 그것이다.

(대일경)

45

자신의 마음에 드는 것에 집착하지 말라. 그것은 탐욕을 끊어 버리기 위해서이다. 자신의 마음에 거슬리는 것에 성내지 말라. 그것은 증오하는 마음을 없애기 위함이다. 마음을 현혹시키는 말에 집착하지 말라. 그것은 어리석음을 끊어 버리기 위해서이다.

(잡아함경)

46

분에 넘치는 이익을 바라지 말라. 이익이 분에 넘치면 어리석은 마음이 일어나나니, 적은 이익으로써 부자가 되라.

(법구경)

47

수행자는 고통을 겪을 때도 결코 비탄에 빠져서는
안 된다. 무서운 것을 만났을 때도 두려워해서는 안
되고, 생존을 탐내서는 안 된다. 수행자는 잠을 많이
자서는 안 된다. 늘 깨어 있어야 한다. 게으름과 거짓
과 겉치레를 버려라. 수행자는 칭찬을 받더라도 우쭐
거리지 말고, 탐욕과 인색과 성냄과 욕설을 멀리해야
한다. 수행자는 장사를 해서는 안 되며, 결코 남을 비
방해서도 안 된다.

(숫타니파타)

48

평범한 것이 가장 훌륭한 것이다. 억지로 잘 하려
고 하지 말라. 어느 곳에서든 주체적으로 살아 간다
면 그대가 있는 그곳은 진실한 곳이 될 것이다.

(임제록)

49

내가 죽음을 싫어하는 것처럼 생명을 지닌 모든 것들은 죽음을 싫어한다. 수행자는 자신의 생명을 잃게 되더라도 남의 생명을 빼앗아서는 안 된다. 이와 같이 살생하지 않아야만 진리에 도달할 수 있다. 그러므로 생명이 존재하는 모든 것들에게 늘 사랑과 자비를 베푼다면 두려움은 사라질 것이다.

(대방편불보은경)

50

우리들을 생존에 얽어매는 것은 집착이다. 집착하는 것은 마침내 근심이 된다. 그 집착을 모두 버린 수행자는 이 세상도 저 세상도 모두 초월해 버린다. 뱀이 묵은 껍질을 벗어 버리듯이.

(숫타니파타)

51

이 세상을 속박하고 있는 바로 그 구속력을 통해서
우리는 이 세상으로부터 자유로울 수 있다. 그러나 이
세상 전체가 지금 전도되었기 때문에 이를 모르고 있
다. '해탈은 속박을 통해서……'라는 이 진리의 길을
인정하지 않는다면 그대는 결코 완전한 성취(해탈)에
이르지는 못할 것이다.

(헤바즈라 탄트라)

52

마음이 가는 대로 따라가서는 안 된다. 항상 마음
을 잘 다스려서 부드럽고 순하게 가져라. 마음이 하늘
도 만들고, 사람도 만들고, 지옥도 만들고, 극락도 만
든다. 그러니 마음을 쫓아가지 말고 마음의 주인이
되라.

(장아함 반니원경)

53

이 목숨은 짧고 짧으니 마땅히 부지런히 힘써라.
이 세상은 실로 덧없는 것, 미혹하여 어두운 곳에 떨
어지지 말라. 마땅히 배워서 마음을 지키고 스스로
닦아 지혜를 구하라. 번뇌의 때를 벗고 지혜의 촛불
을 잡고 길을 보라.

(수행본기경)

54

마음은 불꽃과 같아 인(직접원인)과 연(간접원인)이
닿으면 타오른다. 마음은 번개와 같아 잠시도 머무르
지 않고 순간순간 소멸한다. 마음은 허공과 같아 뜻
밖의 연기로 더럽혀진다. 마음은 원숭이와 같아 잠시
도 그대로 있지 않고 시시각각 움직인다. 마음은 그림
을 그리는 화가와 같아 온갖 모양을 그려 낸다.

(보적경)

55

선악의 결과는 메아리와 같고 그림자와 같다. 그러
므로 함부로 업業을 지어 괴로움을 불러들이지 말라.

(니건자경)

56

항상 새벽처럼 깨어 있으라. 부지런히 노력하는 것
을 즐겨라. 자기의 마음을 지켜라. 자기를 위험한 곳
에서 구출하라. 진흙에 빠진 코끼리가 그 자신을 끌
어 내듯.

(법구경)

57

    오늘 할 일을 부지런히 행하라. 누가 내일의 죽음을 알 수 있으랴. 진실로 저 악의 무리들과 싸움이 없는 날이 없거늘, 밤낮으로 부지런히 정진하는 사람, 그를 일러 고요한 분, 성자라 한다.

(현자경)

58

    마음은 용감하게, 생각은 신중히, 행동은 깨끗하고 조심스럽게 하고, 스스로 자제하여 법에 따라서 살며, 부지런히 정진하는 사람은 영원히 깨어 있는 사람이다.

(법구경)

59

진정한 수행자는 낮에는 부지런히 일하고 초저녁과 새벽녘에는 정진하고, 밤중에는 경을 읽어 스스로 통달하여야 하느니라. 잠은 될 수 있는 한 적게 자고, 항상 무상의 불길이 모든 세상을 태우고 있음을 관찰하여 묵묵히 해탈의 길을 걸어가라.

(불유교경)

60

지나가 버린 것을 슬퍼하지 않고 오지 않은 것을 동경하지 않으며 현재에 충실히 살고 있을 때 그 안색은 생기에 넘쳐 맑아진다. 오지 않은 것을 탐내어 구하고 지나간 과거사를 슬퍼할 때, 어리석은 사람은 그 때문에 꺾인 갈대처럼 시들어 간다.

(현자경)

61

부지런히 정진하면 모든 일에 어려움이 없을 것이
니 너희들은 마땅히 정진하라. 마치 작은 물도 쉬지
않고 흐르면 큰 바위를 능히 뚫을 수 있는 것과 같으
니라.

(불유교경)

62

진정한 수행자는 시간의 속박을 받지 않으며 또한
생존의 제약도 받지 않는다. 그는 어떤 견해에도 끌려
가지 않으며 어떤 지식에도 결코 오염되지 않는다. 그
리고 세상 사람들 사이에서 일어나는 저 갖가지 견해
의 가시밭을 손쉽게 뚫고 지나가 버린다. 사람들은 너
나없이 지식의 쟁취에 혈안이 되고 있지만 그러나 그
는 이러한 것에는 조금도 관심이 없다.

(숫타니파타)

63

부지런히 노력하는 것은 깨달음의 길이다. 게으르고 나태한 것은 죽음의 길이다. 부지런히 노력하는 사람들은 영원하고, 게으르고 나태한 사람들은 죽은 자와 같다. 열심히 노력하며, 게으르고 태만한 것을 두려워하는 수행자는 타락하는 일 없이 니르바나(열반)에 이르게 될 것이다.

(법구경)

64

지나간 일에 대해 근심하지 말고 미래에 대해 두려워하지 말라. 현재에 얻어야 할 것만을 따라 바른 지혜로 최선을 다할 뿐, 다른 생각을 하지 말라. 과거를 돌아보며 미래를 근심·걱정하는 것은 마치 우박이 초목을 때리듯 어리석음의 불로 스스로를 태우는 것이다.

(잡아함경)

65

원수를 없애고 싶으면 먼저 번뇌를 없애야 한다. 번뇌는 몸을 해치는 근본이니 이 세상의 원수는 이 한 몸을 해칠 뿐이지만 번뇌는 진리를 해치는 것이 된다. 그러므로 원한과 원수의 원인은 바로 번뇌에 있는 것이다.

(아함경)

66

덧없는 생각들을 끊어야 한다. 그러면 마음이 넉넉하고 안락하리라. 무엇이 덧없는 생각인가? 육신에 매달리는 것이 덧없는 것이다. 좋고 나쁜 느낌에 매달리는 것이 덧없는 것이다. 보고 느낀 생각들이 덧없는 것이다. 자기 중심적으로 사물을 판단하는 것이 덧없는 것이다.

(잡아함경)

67

수행자는 억울함을 당했다고 해서 굳이 밝히려고 하지 말라. 억울함을 밝히면 원망하는 마음이 생긴다. 수행자는 억울함을 당하는 것으로써 수행의 문을 삼으라. 막히는 데서 도리어 통하는 것이요 통하는 것이 도리어 막히는 것이니, 그래서 부처님께서는 "장애 가운데서 해탈을 얻으라" 하셨느니라.

(보왕삼매론)

68

그대가 비록 많은 수행을 했다 해도 자랑하지 말라. 자랑하면 수행한 것을 스스로 믿고 자랑하면 남을 업신여기는 생각을 일으키게 되나니, 이것은 수행을 따라 늘어나는 번뇌 망상이니라.

(니구타범지경)

69

삶에 대한 맹목적인 기대를 버린 사람, 살아 있는 것들을 더 이상 괴롭히지 않는 사람, 모든 의심을 버리고 고통의 화살을 뽑아 버린 사람, 자신의 분수를 잘 알고 있는 사람, 이 세상 그 어떤 것도 해치지 않는 사람, 진리를 터득한 사람, 이 사람은 세상에서 가장 올바른 삶을 살고 있는 것이다.

(숫타니파타)

70

공부하는 데 장애 없기를 바라지 말라. 장애가 없으면 배우는 것이 넘치게 되나니, 장애 속에서 해탈을 얻으라.

(보왕삼매론)

71

참을 수 있는 것을 참는 것은 일상의 참음이다. 그러나 참기 어려운 것을 참는 것이야말로 진정한 참음이다. 참기 어려운 것을 참는 것이 수행이나니. 강한 자 앞에서 참는 것은 두렵기 때문이고, 자기와 같은 사람 앞에서 참는 것은 싸우기 싫어서이며, 자기보다 못한 사람 앞에서 참는 것, 그것을 진정한 참음, 인내라고 한다.

(아함경)

72

남이 내 뜻대로 순종해 주기를 바라지 말라. 순종해 주면 마음이 교만해지나니, 내 뜻에 맞지 않는 사람들로써, 내 마음에 거슬리는 사람들로써 숲을 삼으라.

(보왕삼매론)

73

    욕설과 비방을 참지 못하는 것은 어리석음이니 그 것은 돌가루를 두 눈에 넣는 것과 같다. 욕설과 비방 을 잘 참는 것은 지혜로움이니 높은 데 올라앉은 것 과 같다. 욕설과 비방으로 지혜로운 이를 어찌하지 못 함은 큰 바위가 폭우에 맞아도 부서지지 않는 것과 같다. 지혜로운 사람은 괴로움과 즐거움을 만나도 흔 들리지 않는다.

(잡보장경)

74

    세상살이에 곤란 없기를 바라지 말라. 곤란이 없으 면 업신여기는 마음과 사치한 마음이 생기나니, 근심 과 곤란으로써 세상을 살아가라.

(보왕삼매론)

75

모든 악을 물리쳐서 때묻지 않았으며 마음을 잘 가다듬어 굳게 지켜 가는 사람, 윤회 속을 통과하여 완벽한 경지에 이르러 철저히 구애받지 않는 사람, 그를 일러 거룩한 수행자라 한다.

(숫타니파타)

76

땅에서 넘어진 자는 땅을 짚고 일어나야 한다. 생각과 감정으로 낭패를 본 자는 그 생각과 감정을 통해서 깨달음에 이르러야 한다.

(대혜종고)

77

깨달음의 가능성은 이 번뇌 속에 있다. 연꽃은 높
은 산이나 육지에서는 자라지 않고 낮고 축축한 진흙
속에서 자란다. 그러므로 이 번뇌의 진흙 속에서 우
리는 깨달음의 연꽃을 피워야 한다. 저 허공에 씨를
뿌려 보라. 거기 싹은 트지 않는다. 씨는 거름이 많은
땅에 뿌려야 한다. 그래야만 잘 자라난다. 그러므로
이 번뇌야말로 깨달음을 성취하는 데 더없는 토양이
다. 바다에 들어가지 않으면 진주를 얻을 수 없다. 이
번뇌의 바다에 들어오지 않으면 지혜의 보배는 얻을
수 없다.

(유마경)

78

　수행하는 데 마魔가 없기를 바라지 말라. 마가 없
으면 서원(결심)이 굳건해지지 못하나니, 마군魔軍으
로써 수행을 도와주는 벗을 삼으라.

(보왕삼매론)

79

　열매를 얻으려거든 씨를 뿌려라. 선을 심으면 복을
얻게 되고 악을 심으면 재앙을 얻게 된다. 씨를 심지
않고는 열매를 얻지 못하나니 그 마음을 올바르게 가
지면 복은 스스로 돌아오게 될 것이다.

(견의경)

80

보살이 보시하는 것은 명예나 이익을 위해서가 아니고 남을 속이기 위해서도 아니다. 그러므로 보시를 했다고 하여 교만한 마음을 내거나 은혜 갚기를 바라서는 안 된다. 보시를 할 때에는 자기를 돌아보지 말아야 하고, 받을 사람을 가려서도 안 된다.

(열반경)

81

항상 참회하는 마음으로 살아야 한다. 참회하는 마음은 모든 장엄 중에 으뜸이 되느니라. 참회하는 마음은 쇠갈고리와 같아서 능히 인간의 잘못된 마음을 억제하나니, 모든 선남자·선여인들은 항상 참회하는 마음을 잊지 말아야 하느니라.

(불유교경)

82

　새가 휴식을 취할 때는 반드시 편안한 숲을 선택한다. 그와 마찬가지로 사람도 반드시 훌륭한 스승을 선택하여 배우라. 그러면 그의 학문이나 안목이 저절로 높아질 것이다. 좋은 친구는 부모처럼 여기고 나쁜 친구는 원수처럼 여기라. 소나무 숲에서 자라는 칡넝쿨은 저절로 천 길을 솟는다. 그러나 띠풀 속에서 자라는 소나무는 석 자도 자라지 못한다. 그러므로 스승과 친구를 가릴지어다.

(자경문)

83

　친구를 사귀되 내가 이롭기를 바라지 말라. 내가 이롭고자 하면 의리를 상하게 되나니, 순수함으로써 사귐을 길게 하라.

(보왕삼매론)

어리석은 자에게는 재앙이 따르지만 지혜 있는 자에게는 재앙이 따르지 않는다.

어리석은 자에게는 장애가 따르지만 지혜 있는 자에게는 장애가 따르지 않는다.

어리석은 자에게는 질병이 따르지만 지혜 있는 자에게는 질병이 따르지 않는다.

어리석은 자에게는 잘못이 따르지만 지혜 있는 자에게는 잘못이 따르지 않는다.

(사품법문경)

85

허물이 있거든 곧 참회하고, 그릇된 일이 있으면 부끄러워할 줄 아는 데에 대장부의 기상이 있다. 허물을 고쳐 스스로 새롭게 되면 그 죄업도 참회하는 마음을 따라 사라질 것이다. 참회란 지은 허물을 뉘우쳐 다시는 범하지 않겠다고 맹세하는 일이다. 부끄러워함은 안으로 자신을 꾸짖고 밖으로 허물을 드러내는 일이다. 사실 마음이란, 본래 비어 고요한 것이므로 죄업이 깃들 곳이 없다.

(선가귀감)

86

일을 꾀하되 쉽게 되기를 바라지 말라. 쉽게 되면 뜻을 경솔한 데 두게 되나니, 어려운 장애를 극복하고 일을 성취하라.

(보왕삼매론)

87

범부들은 눈앞 현실에만 급급해하고, 수행인은 마음만을 붙잡으려고 한다. 그러나 현실과 마음 양쪽 다 뛰어넘는 것이 참된 수행의 길이다. 현실에만 맹종하는 것은 목마른 사슴이 아지랑이를 물인 줄 알고 찾아가는 것과 같고, 마음만을 고집하는 것은 원숭이가 물에 비친 달을 붙잡으려는 것과 같다. 바깥 현실과 안의 마음이 비록 다르다 할지라도 거기에만 집착하면 양쪽 모두가 병이 된다.

(선가귀감)

88

별이 빛나는 밤은 잠을 즐기라고 있는 것이 아니다. 이런 밤엔 부엉이처럼 깨어 있으라. 깨달음을 얻기에 더없이 좋은 밤인 때문이다.

(장로게경)

수행이 날로 진보하여 차차 심오한 곳에 이르며, 큰 깨달음에 뜻을 세움은 보시(베풂)의 결과다. 초인적인 힘이 생겨, 마음이 늘 고요하여 두려운 것이 없고 잡스러운 데 물들지 않는 것은 지계持戒의 결과다. 부드러운 마음이 깊이 평화로운 곳에 이름은 인욕忍辱의 결과다. 수행이 완전하여 공포심이 일어나지 않음은 정진精進의 결과다. 좋은 꽃과 같이 부드럽고 편안하며 마음이 통일되어 미혹되지 않음은 선정禪定의 결과다. 몸가짐에 아무 비난도 듣지 않으며 온갖 보살행을 길이 길러 줄지 않게 함은 지혜智慧의 결과다.

(현겁경)

90

헛것인 줄 알았으면 곧 떠나라. 헛것을 떠나면 그것
이 곧 해탈이다.

(원각경)

91

가지 못하게 막는 사람이 없는데도 극락에 가는 사
람이 적은 것은 탐욕과 성냄, 어리석음을 자기의 보물
로 여겼기 때문이다. 또 유인하지도 않았는데 악도에
떨어지는 자가 많은 것은 이 육신과 갖가지 욕심으로
마음의 보배를 삼았기 때문이다.

(발심수행장)

92

이 세상 전체가 그대로 진리의 나타남이다. 진리는 '이 세상'이라는 현상 속에서 나타난다. 그러므로 이 세상의 본질은 니르바나(열반)이다. 마음이 순수한 상태에 머물면 그것이 바로 니르바나의 체험이다.

(헤바즈라 탄트라)

93

수행자는 마땅히 마음을 단정히 하여 검소하고 진실한 것으로써 근본을 삼아야 한다. 표주박 한 개와 누더기 한 벌이면 어디를 가나 걸릴 것이 없다. 부처님이 말씀하시기를 "마음이 똑바른 줄과 같아야 한다"고 했으며, "바른 마음이 곧 도량道場이다"라고 하셨다. 이 몸에 탐착하지 않는다면 어디를 가나 거리낄 게 없다.

(선가귀감)

94

많이 배운 사람을 가까이하라. 그리고 배운 것을
잊지 말라. 이것이 진정한 삶으로 가는 길이다. 배움
이 적은 사람은 소처럼 늙어간다. 몸집은 불어나지만
지혜는 불어나지 않는다. 그러므로 학식이 많고 진리
의 가르침을 잘 지켜 지혜로우며 진리를 깨닫기에 노
력하는 사람들을 가까이하라.

(장로게경)

95

활활 타는 저 불 속에서 연꽃이 핀다는 것은 기적
이다. 아수라 같은 속세에서 구도자로 남아 있다는
것은 저 '불 속에서 피는 연꽃'과 같다.

(유마경)

96

보살의 마음은 자비심이 근본이다. 자비심을 일으
키면 한량없는 선행을 할 수 있다. 무엇이 모든 선행
의 근본이냐고 물으면, 자비심이라고 대답하라. 자비
심은 진실해서 헛되지 않고, 선한 행은 진실한 생각에
서 나온다. 그러니 진실한 생각은 곧 자비심이며, 자
비심은 부처님 마음이다.

(열반경)

97

몸소 체험해 보지 않았다면 아무리 좋은 글귀를
많이 외워도 이익될 것 없고 잘 외워도 훌륭할 것이
없다. 목동이 주인의 소를 아무리 많이 세어도 자기
의 소는 한 마리도 없음과 같다.

(증일아함경)

98

연꽃은 진흙 속에 살면서도 진흙에 더럽혀지지 않
듯이, 보살은 세속에 살면서도 세속의 일에 때묻지 않
는다. 사방에서 흐르는 여러 강물도 바다에 들어가면
모두 짠맛이 되듯이, 여러 가지 일을 통해 쌓은 보살
의 선행도 중생의 깨달음에 회향하면 해탈의 한맛이
된다.

(보적경)

99

맷돌이나 숫돌이 닳는 것은 보이지 않지만 어느 땐
가 다 닳아 없어진다. 나무를 심으면 자라는 것이 보
이지 않지만 어느 새 자라 큰 나무가 된다. 하루하루
꾸준히 수행에 정진하다 보면 어느 샌가 그 수행은
깊어져 마침내 저 불멸의 곳에 이르게 된다.

(선림보훈)

100

아름다운 꽃이라도 향기가 없는 꽃이 있듯이, 아무리 좋은 가르침이라도 그것을 실행하지 않으면 열매를 맺지 못한다. 아름다운 꽃에 향기가 나듯이 좋은 가르침의 말씀은 그것을 실행하는 사람에게서 열매를 맺는다.

(법구경)

3장
진리

네가 있어
내가 있네

1

눈을 뜨자. 아니, 누가 내 눈을 감겼단 말인가. 사
물을 내 스스로 보지 못하고 남의 눈으로 보아 온 그
릇된 버릇에서 벗어나야 한다. 활짝 열린 눈에는 한
티끌도 없다. 내 눈이 열려야 세상을 받아들일 수 있
다.

(아함경)

2

사람들은 흔히 깨끗하고 더러움에 차별을 둔다. 그
러나 사물의 본성은 깨끗한 것도 더러운 것도 아니다.
우리 마음이 집착하기 때문에 깨끗한 것을 가까이하
고 더러운 것을 멀리하는 것이다. 이것은 방편일 따름.
집착하는 마음(편견)을 떠나서 보면 모든 존재는 다
깨끗하다.

(대품반야경)

3

모든 것은 마음가짐에 따라 이루어진다. 사악한 마음으로 말을 하거나 행동을 한다면 괴로움은 그 사람을 따라다닌다. 반대로 깨끗한 마음으로 말을 하거나 행동을 한다면 행복과 보람이 그 사람을 따라다닐 것이다.

(법구경)

4

우리의 마음은 갖가지 번뇌 망상으로 물들어 있어 마치 파도치는 물결과 같다. 물결이 출렁일 때는 우리의 얼굴이나 모습도 일렁이고 왜곡되어 제대로 보이지 않는다. 그러나 물결이 조용해지면 모든 것이 제 모습을 나타낸다. 저 연못이 바람 한 점 없이 고요하고 맑으면 물 밑까지 훤히 보이는 것처럼.

(화엄경)

5

  비록 백 년을 산다 할지라도 마음이 어리석다면 고
요한 마음을 지닌 사람이 단 하루를 사는 것만 못하
다.
(법구경)

6

  마음은 환상과 같아 허망한 분별에 의해 여러 가
지 형태로 나타난다. 마음은 바람과 같아 붙잡을 수
도 없으며 모양도 보이지 않는다. 마음은 흐르는 강물
과 같아 멈추지 않고 거품은 이내 사라진다. 마음은
불꽃과 같아 인因(직접원인)과 연緣(간접원인)에 닿으면
타오른다. 마음은 번개와 같아 잠시도 머무르지 않고
순간에 소멸한다. 마음은 허공과 같아 뜻밖의 연기로
더럽혀진다. 마음은 원숭이와 같아 잠시도 그대로 있
지 못하고 시시각각 움직인다. 마음은 그림 그리는 사
람과 같아 온갖 모양을 나타낸다.
(보적경)

7

사람이 바른 마음을 쓸 줄 알면 신들도 기뻐한다. 마음 가는 대로 따라가서는 안 된다. 항상 마음을 조복 받아 부드럽고 순하게 가지라. 마음이 하늘도 만들고 사람도 만들며 극락이나 지옥도 만든다. 그러니 마음을 쫓아가지 말고 마음의 주인이 되라.

(장아함 반니원경)

8

권력을 믿고 서민들을 업신여기는 일을 하지 말라. 스스로 마음을 단정히 하여 부지런히 정진하고 마음에 좋지 않은 뜻을 품어서 사람들을 현혹시키지 말라. 모든 것에 있어서 항상 만족한 줄 알아 지나친 부富를 축적하지 말지니, 이것이 곧 계율을 지키는 방법이다. 계율은 해탈의 길로 나아가게 하는 근본이 되는 것이다.

(불유교경)

9

마음은 존경에 의해, 혹은 분노에 의해 흔들리면서 교만해지기도 하고 비겁해지기도 한다. 마음은 도둑처럼 모든 선행善行을 훔쳐간다. 마음은 불에 뛰어드는 불나방처럼 아름다운 빛깔을 좋아한다. 마음은 싸움터의 북처럼 소리를 좋아한다. 마음은 시체를 탐하는 멧돼지처럼 썩은 냄새를 좋아한다. 마음은 음식을 보고 침을 흘리는 개처럼 맛을 좋아한다. 마음은 기름 접시에 달라붙는 파리처럼 감촉을 좋아한다. 이와 같이 남김 없이 관찰해도 마음의 정체는 알 수 없다.

(보적경)

10

마음이 번뇌에 물들지 않고 생각이 흔들리지 않으며 선악을 초월하여 깨어 있는 사람에게는 그 어떤 두려움도 없다.

(법구경)

11

무익한 어구를 백 번 읊는 것보다 마음이 조용해지는 유익한 말씀을 하나 듣는 것이 더 좋다. 이치에 맞지 않는 시를 백 번 읊는 것보다 마음이 조용해지는 진리의 한 말씀을 듣는 것이 더 좋다. 마음이 악하고 어지럽게 백 년을 사는 것보다 언제나 덕행 있고 깨끗한 하루를 사는 것이 더 좋다.

(법구경)

12

마음이 번잡하며 세상도 번잡하고, 마음이 밝고 깨끗하면 세상 또한 밝고 깨끗해진다. 얼룩새의 몸뚱이는 하나지만 몸의 색깔은 수없이 많듯이, 사람 역시 몸은 하나지만 마음의 얼룩은 얼룩새보다 더 많으니라.

(잡아함경)

13

밝은 거울은 갖가지 모습을 다 비추어 준다. 길고 짧고 크고 작고 거칠고 세밀한 것이 다 그 본래 모양에 따라서 형상을 나타내어 더하지도 않고 덜하지도 않는다. 이는 거울에 분별이 있어서 그런 것이 아니고 밝고밝기 때문에 능히 모든 형상을 비춰 보인 것이다. 우리들의 마음도 이 거울과 같다.

(화엄경)

14

과거에 게을렀어도 이제는 게으르지 않은 사람, 그는 마치 구름 사이를 뚫고 나온 달처럼 세상을 비출 것이다. 일찍이 자신이 지은 악업을 선업으로 덮은 사람, 그는 마치 구름 사이를 뚫고 나온 달처럼 세상을 비출 것이다.

(법구경)

15

물 대는 사람은 물을 끌어들이고 활 만드는 사람은
화살을 곧게 한다. 목수는 재목을 다듬고 지혜로운
사람은 자기 자신을 다룬다.

(법구경)

16

깊은 물과 얕은 물은 그 흐름이 다르다. 바닥이 얕
은 개울물은 소리내어 흐르지만, 깊고 넓은 바다의
물은 소리 없이 흐르는 법이다. 모자라는 것은 소리
를 내지만 가득 찬 것은 소리를 내는 법 없이 아주 조
용하다. 어리석은 자는 반쯤 물을 채운 항아리 같고,
지혜로운 이는 물이 가득 찬 연못과 같다.

(숫타니파타)

17

사랑스럽고 아름다운 빛과 은은한 향기를 내뿜는 꽃이 있듯이 실천이 따르는 사람의 말은 그 메아리가 조용히 그리고 멀리 울려 퍼진다.

(법구경)

18

선지식(스승)은 지혜로운 의사와 같다. 병과 약을 알고 증상에 따라 그 약을 주어 우리의 마음병을 낫게 하기 때문이다. 선지식은 뱃사공과 같다. 이 생사의 바다에서 우리를 저 언덕으로 건네 주기 때문이다.

(열반경)

19

그는 어떠한 일방적인 주장도 인정하지 않으며 어떤 한 가지 입장도 중시하지 않는다. 그는 어떠한 교리나 학설도 인정하지 않으며 또한 계율이나 도덕에도 굴복하지 않는다. 이미 니르바나 저 언덕에 도달하였으므로.

(숫타니파타)

20

애욕은 착한 가르침을 태워 버리는 불꽃과 같아서 모든 공덕을 없애 버린다. 애욕은 얽어 묶는 밧줄과 같고, 시퍼런 칼날과 같다. 애욕은 험한 가시덤불에 들어가는 것과 같고, 성난 독사를 건드리는 것과 같으며, 더러운 시궁창과 같은 것이다.

(사분율)

21

애욕은 마치 횃불을 잡고 바람을 마주하고 달리는 것과 같아서 반드시 손을 태울 염려가 있다. 어리석은 사람은 자기 자신을 탐욕으로 얽어매어 피안으로 건너가지 못하게 한다. 탐욕은 남도 해치고 자기 자신도 해친다.

(법구경)

22

애욕이 가는 곳에는 항상 미혹이 뒤따른다. 습한 땅에 잡초가 무성하듯 애욕의 습지에는 번뇌의 잡초가 무성하다. 애욕은 꽃밭에 숨은 독사와 같다. 사람들은 꽃을 탐해 꽃을 꺾다가 독사에게 물려 죽을 것도 알지 못한다.

(열반경)

23

한 그루의 나무를 자르지 말고 욕망의 숲 전체를
잘라라. 위험은 욕망의 숲에서 생긴다. 욕망의 숲과
잡목을 자르고, 욕망에서 벗어난 자가 되어라. 그리고
영원한 자유를 찾으라.

(법구경)

24

애욕보다 큰 것이 없고, 분노보다 깊은 것이 없고,
교만보다 높은 것이 없도다.

(별역잡아함경)

25

　내 것이라고 집착하는 마음이 갖가지 괴로움을 일
으키는 근본이 된다. 온갖 것에 대하여 취하려는 생
각을 내지 않으면 훗날 마음이 편안하여 마침내 버릴
근심이 없어진다.

(화엄경)

26

　그는 세상에서 아무것도 가진 것이 없다. 그렇다고
무소유를 걱정하지도 않는다. 그는 모든 사물에 이끌
리지 않는다. 그는 아무것에도 머무르지 않고 사랑하
거나 미워하지 않는다. 또 슬픔도 인색함도 그를 더럽
히지 않는다. 마치 연꽃에 진흙이 묻지 않는 것처럼.
그는 참으로 '평안한 사람'이다.

(숫타니파타)

27

삼 일 동안 닦은 마음은 천 년의 보배이고, 백 년 동안 탐한 물건은 하루아침에 티끌이 되고 만다.

(초발심자경문)

28

진리를 아는 사람은 견해나 사상에 대해서 자만심을 갖지 않는다. 그는 또한 종교적 행위에도 끌려가지 않으며 마음의 어떤 유혹에도 끌려가지 않는다. 차별의 생각에서 벗어난 사람에게는 더 이상 속박이 있을 수 없다. 지혜를 통해서 자유를 얻은 사람에게는 미망이나 착각이 있을 수 없다. 그러나 편견을 고집하고 있는 사람들은 서로 충돌하면서 이 세상을 살아간다.

(숫타니파타)

29

아이들은 어른의 안식처이다. 그리고 아내는 가장
으뜸가는 친구다.

(상응부경전)

30

사람들이여, 깨달음의 지혜는 너희들이 본래 가지
고 있는 것이다. 다만 마음을 잃어버리고 사는 까닭
에 스스로 깨닫지 못하는 것이다.

(육조단경)

31

    욕심이 없는 사람에게는 마음의 고통이 존재하지
않는다.

    진실로 속박에서 벗어난 사람은 모든 공포를 초월
한다. 헛된 삶으로 이끄는 그릇된 집착을 버리고 세
상을 있는 그대로 볼 때, 죽음에 대한 공포는 사라진
다. 무거운 짐을 내려놓고 나면 이제 더 이상 무거울
것이 없는 것처럼. 집착을 여의고 애써 노력하며 피안
에 이른 사람은 목숨을 다한 것에 만족한다. 감옥에
서 풀려난 죄수처럼. 진리의 최고 경지에 도달하여 세
상에 대해 아무런 아쉬움도 없는 사람은 죽음을 슬
퍼하지 않는다. 불타오르는 집에서 무사히 빠져 나온
사람처럼.

(아함경)

32

차라리 부처님의 가르침이 있는 곳에서 죽을지언정 부처님의 가르침이 없는 곳에서는 살지 않으리.

(선원청규)

33

인간이 순수해지는 것은 교리에 의해서도 학문에 의해서도 지식이나 도덕에 의해서도 아니다. 교리가 없이, 학문이나 지식이 없이, 계율이나 도덕을 무시함으로써 순수해질 수 있는 것도 또한 아니다. 긍정도 하지 말고 부정도 하지 말며 어떤 것도 고집하지 말고 어떤 것에도 구애되지 말라. 그 어디에도 의존하지 말고 조용히 가야 하며 생존에 대한 욕심을 갖지 말아야 하느니, 이것이 바로 내적인 평화에의 길이다.

(숫타니파타)

34

훌륭한 친구를 만나거든 자기의 고집을 버릴 것이
며, 훌륭한 친구를 만나지 못하면 코끼리가 홀로 들
판을 거니는 것처럼 혼자서 선행을 할지어다. 악한 사
람과 벗하지 말라. 자기와 같은 사람을 만나지 못하거
든 굳은 마음으로 혼자 살아가라. 악한 사람과는 절
대로 가까이 말라.

(중아함경)

35

나의 결점을 지적하고 잘못을 가르쳐 주는 현명한
사람을 만나거든 그 사람을 따르라. 그는 나에게 보물
이 감춰진 곳을 일러 주는 사람이니, 그와 같은 사람
을 따르게 되면 좋은 일은 있어도 나쁜 일은 없다.

(법구경)

36

현명한 사람은 자기 자신과 동등한 무리들 속에 있다고 말하지 않고 자신보다 수준 낮은 무리들 속에 있다고도 하지 않으며 또한 자신보다 나은 무리들 속에 있다고도 하지 않는다. 그는 평온한 곳에 이르렀으며 헛된 욕심의 꿈에서 깨어났다. 그러므로 그는 그 어떤 것이라도 붙잡거나 거부하지 않는다.

(숫타니파타)

37

남의 과실을 보지 마라. 남이 한 것과 하지 않은 것을 보지 마라. 다만 자신이 한 것과 하지 않은 것만 보아라. 남의 잘못을 찾아내기란 쉬운 일이나 자기의 잘못을 깨닫기란 극히 어려운 일이다.

(법구경)

38

어리석은 자와 가까이 말고 슬기로운 이와 친하게 지내라. 그리하여 존경할 만한 사람을 섬기어라. 이것이 인간에게 최상의 행복이다.

분수를 지키며 항상 공덕을 쌓지 못했다고 생각하라. 이것이 인간에게 최상의 행복이다.

부모를 잘 섬기고, 처자를 아끼고 보호하며, 올바른 생업에 정진하라. 이것이 인간에게 최상의 행복이다.

보시를 행하고 계율을 지키며, 친족에게 인정을 베풀고 비난받을 일을 하지 말라. 이것이 인간에게 최상의 행복이다.

악업을 즐거움으로 삼지 말고, 술 마시고 분수를 잃지 말며, 모든 일에 게으르지 말라. 이것이 인간에게 최상의 행복이다.

다른 이를 존중하고 스스로 겸손하며, 만족할 줄 알고 은혜를 생각하며, 시간이 있을 때면 가르침을 들어라. 이것이 인간에게 최상의 행복이다.

참고 온순하며 스스로를 제어하고 청정한 행을 닦아 불멸의 진리를 깨닫고, 마침내 열반을 이룰 수 있으면, 이것이 인간에게 최상의 행복이다.

그때엔 비방에도 마음이 흔들리지 않고, 얻고 얻지 못함에 마음 상하지 않으며, 걱정도 분노도 없는 행복이 찾아올 것이니, 이것이 인간에게 최상의 행복이다.

(대길상경)

39

비난만 받는 자, 또는 칭찬만 받는 자는 과거에도 없었고 현재에도 없다. 그리고 미래에도 없으리라. 말을 잘하는 사람이 반드시 실천한다 할 수 없고, 실천하는 사람이 반드시 말을 잘한다고도 할 수 없다. 사람들은 남의 과실에 대해서 말하기를 좋아하지만, 자신의 과실은 기를 쓰고 감춘다.

(법구경)

40

맹수를 두려워하지 말고 악한 벗을 두려워하라. 맹수는 다만 몸을 상하게 하지만 악한 벗은 마음을 파멸시키기 때문이다.

(아함경)

41

진실한 것을 보려 하거든 진리의 가르침을 즐겨 들어라. 인색하고 옹졸한 마음을 버려라. 그것이야말로 최상의 믿음이다. 믿음은 능히 생사의 강을 건너게 하나니 그러므로 홀로 사는 수행자는 즐겁다.

(법집요송경)

42

인내는 이 세상에서 가장 으뜸가는 덕이다. 인내는 안락에 이르게 하며 자신을 지켜 주며, 벗이 되어 주며 아름다운 명예를 가져온다. 인내는 부富를 얻게 하며, 바른 용모를 갖추게 하며, 위대한 힘을 얻게 하며, 세상을 밝게 비추게 하며, 기예技藝를 이루게 하며, 원망과 고뇌를 이기게 한다.

(대집경)

43

만약 어리석은 사람이 자신의 어리석음을 깨닫는다면 그가 곧 슬기로운 사람이다. 그러나 어리석은 사람이 스스로를 슬기롭다고 생각한다면 그것이야말로 진짜 어리석은 것이다.

(법구경)

44

모욕을 참지 못하는 것이 번뇌의 원인이다. 나에게 집착하는 온갖 번뇌는 남의 잘못 때문이 아니라 내 잘못 때문에 생긴 것이다. 불행한 일을 당했을 때 참지 않는다면 이는 곧 스스로 죄업을 짓는 것이 되고 그 죄업은 다시 자기 자신에게 돌아오게 된다.

(선계경)

45

　스스로 착한 행동을 하는 것이 진실로 자기를 보호하는 것이요, 스스로 악한 행동을 하는 것은 자기를 내던지는 것이다. 강력한 군대를 풀어 자신을 에워싼다 하더라도 그것은 진실로 자신을 보호하는 것이라 말할 수 없나니, 스스로 자기 마음을 보호하는 것이 아니기 때문이다. 안으로 자신을 보호하는 것이 밖에서 자기를 보호하는 것보다 진실로 자기를 보호하는 길이다.

(아함경)

46

　들을 때는 들려지는 것만 있게 하고, 볼 때는 보여지는 것만 있게 하고, 생각할 때는 생각만 있게 하라.

(아함경)

47

진리는 하나요 둘일 수 없다. 그러므로 진리를 안 사람은 다투지 않는다. 그러나 사람들은 제각기 다른 진리를 찬양하고 있다. 자기와 반대 의견을 가진 자는 어리석다고 말하면서 자신을 진리에 이른 완성자로 간주하고 있다. 또 자신을 완벽하다고 여기며 현자라고 착각하고 있다. 그렇기 때문에 사람들에게는 끝없이 언쟁이 일어난다. 그러나 이 모든 편견을 버린다면 세상의 모든 언쟁은 종식될 것이다.

(숫타니파타)

48

진리를 잃어버리지 않은 사람들은 외도에 이끌리는 일이 없다. 그들은 바르게 깨닫고 바르게 알아서 평탄하지 않은 길을 평탄하게 걸어간다.

(아함경)

49

온갖 생각을 끊되 무기력에 떨어지지 말라. 욕심 속에 있되 욕심을 초월하고, 티끌 같은 이 세상에 살되 티끌 세상을 초월하라. 역경과 순경에 끄달리지 말라. 그리고 만물에 끝없는 축복을 주라. 차별 속에서 차별 없는 고요함을 얻으라. 차별 없는 고요함에서 차별 있는 지혜를 보이라.

(아함경)

50

믿음은 험한 바다를 능히 건너가나니 믿음은 마음을 다스리는 뱃사공이다. 부지런히 노력하여 괴로움을 없애고 지혜로써 피안彼岸에 도달하라. 믿음과 실천이 있는 사람과 해탈을 즐겨하는 사람은 모든 굴레에서 벗어날 것이다.

(법구비유경)

51

눈이 밝은 사람은 오히려 장님과 같으며, 귀가 밝은 사람은 오히려 귀머거리와 같으며, 지혜로운 사람은 오히려 어리석은 사람과 같으며, 강한 사람은 오히려 약한 사람과 같다. 그러므로 현명한 사람은 보고 듣고 느끼는 것으로부터 멀리 초월해 있어야 한다.

(장로게경)

52

태어날 때부터 천하고 귀한 사람이 있는 것은 아니다. 오로지 그 사람의 행위에 의해서 천한 사람이 될 수도 있고 귀한 사람이 될 수도 있는 것이다.

(유행경)

53

현자는 욕망에 이끌려 방황하지도 않으며 편견에 사로잡혀 떠들어대지도 않는다. 그는 모든 편견에서 벗어나 있으므로 더 이상 세상에 오염되지도 않으며 자신을 지나치게 꾸짖지도 않는다. 보고 배우고 사색한 어떤 것에 대해서도 그는 절대로 적대감을 갖지 않는다. 그는 선입관을 벗어 버렸다. 그는 더 이상 시간에 예속되지 않으며 죽음 앞에 무릎 꿇지도 않는다. 그는 더 이상 아무것도 바라지 않는다.

(숫타니파타)

54

일상 속에서 옳은 것은 힘써 실천하고 옳지 않은 것은 반드시 그만두어야 한다. 일의 쉽고 어려움에 따라 신념을 바꾸어서는 안 된다. 당장 어렵다고 해서 고개를 저으며 돌아보지 않으면 뒷날 지금보다 더 어려울지 어떻게 알겠는가.

(선림보훈)

55

많은 허물이 있으면서도 뉘우치지 않고 그대로 지나 버리면, 냇물이 바다로 들어가 점점 깊고 넓게 되듯이 죄업이 무겁게 쌓인다. 그러나 허물이 있을 때 스스로 그릇된 줄 알고 악을 고쳐 선을 행하면 죄업이 저절로 없어질 것이니, 환자가 회복되어 가는 것과 같다.

(사십이장경)

56

건강은 최고의 재산이며, 만족은 최고의 보배이고,
신뢰는 최고의 벗이며, 열반은 최상의 즐거움이다.

(법구경)

57

형식이나 계율을 고집하는 사람들은 생각을 많이
하면서 여러 가지 변명을 많이 늘어놓는다. 그러나 지
혜로운 사람, 진리를 아는 사람은 결코 잡다한 일을
벌리지 않는다. 그는 본 것, 들은 것, 생각한 것으로부
터 멀리 떨어져 있다. 그러므로 세상의 그 무엇도 그
를 오염시킬 수는 없다. 진리를 본 사람, 당당하게 자
기의 길을 가고 있는 그를.

(숫타니파타)

58

　진실한 지혜란, 곧 생사고해를 건너가는 튼튼한 배이다. 또한 이는 무지를 밝히는 등불이며, 번뇌의 나무를 베는 날카로운 도끼이다. 그래서 마땅히 듣고(聞), 생각하고(思), 닦음(修)에 의해 스스로 정진하여야 한다. 누구든지 지혜의 눈이 열리면 저 불멸의 곳을 보게 된다.

(불유교경)

59

　너 자신을 등불 삼고 너 자신을 의지하라. 진리를 등불 삼고 진리를 의지하라. 이밖에 다른 것에 의지해서는 안 되느니라.

(대반열반경)

60

컴컴한 동굴 속에 갇혀 있는 사람은 죄악의 보자기에 싸이고 착각 속에 빠져 있다. 이런 사람은 진리의 삶으로부터 멀리 떨어져 있으니 이 세상에 살면서 욕망을 버린다는 것은 그렇게 쉬운 일이 아니다. 생존의 쾌락에 갇혀 있는 사람은 영혼의 자유를 얻기 어렵다. 진정한 영혼의 자유는 남이 줄 수 있는 것이 아니기 때문이다.

(숫타니파타)

61

몸에 병 없기를 바라지 말라. 몸에 병이 없으면 탐욕이 생기기 쉽나니, 병고病苦로써 양약을 삼으라.

(보왕삼매론)

62

삶에 대한 맹목적인 기대를 버리고 살아 있는 것들을 더 이상 괴롭히지 않는 사람, 모든 의심을 버리고 고통의 화살을 뽑아 버린 사람, 자신의 분수를 잘 아는 사람, 세상의 그 어떤 것도 해치는 일 없이 진리를 터득한 사람, 이러한 사람은 세상에서 가장 바른 삶을 살고 있는 것이다.

(숫타니파타)

63

무엇을 웃고 무엇을 기뻐하랴. 세상은 끊임없이 욕망의 불길로 불타고 있다. 그대는 암흑에 둘러싸여 있다. 그런데도 어찌하여 등불을 찾지 않는가.

(법구경)

64

어떤 한 가지 견해나 입장에 근거하여 '다른 것은 모두 별 가치가 없는 것들'이라고 본다면 이는 진리의 길을 가는 데 가장 장애가 된다. 그러므로 보고 듣고 배우고 사색한 것에 너무 사로잡혀서는 안 된다. 지혜에 관해서도 도덕에 관해서도 편견을 가져서는 안 된다. '나는 남과 동등하다. 나는 남보다 못하다. 나는 남보다 뛰어나다.' 이런 생각도 하지 말아야 한다.

(숫타니파타)

65

겉모습이 그럴듯하다고 해서 다 좋은 사람은 아니다. 그 뜻이 청정하고 정직해야 좋은 사람이다. 그러므로 부질없이 겉모습만 꾸미지 말고, 또한 겉모습을 가지고 사람을 평가하지도 말라.

(대반열반경)

66

집에 붙은 불을 물로 꺼 버리듯 지혜롭고 현명한
사람은 슬픔이 일어나는 것을 재빨리 꺼 버린다. 바
람이 솜을 저 멀리 멀리 날려보내듯 진정한 행복을
추구하는 사람은 번뇌의 화살을 뽑아 버린다. 비탄과
고뇌와 불만에 찬 화살을.

화살을 뽑아 버린 사람은 그 어떤 것에도 의존하
는 일 없이 마음의 평화를 얻게 될 것이다. 그리고 모
든 슬픔을 극복한 다음에는 더없는 축복의 경지에
이르게 될 것이다.

(숫타니파타)

67

타인은 곧 나이고 나는 곧 타인이라고 생각하여,
나 아닌 남에게 상처를 주어서는 안 된다.

(아함경)

68

열매를 얻으려거든 씨를 뿌려라. 선을 심으면 복을 얻고 악을 심으면 재앙을 얻는다. 종자를 심지 않고는 과실을 얻지 못하나니 그 마음을 올바르게 가지면 복은 스스로 그 몸에 돌아올 것이다.

(견의경)

69

작은 물방울이 모여 큰 그릇을 채우는 것처럼 큰 악도 본래부터 큰 것이 아니다. 모든 것은 조그마한 것으로부터 시작되나니 작은 악을 소홀히 하지 않으면 재앙도 없을 것이다. 작은 악이라고 하여 가볍게 여긴다면, 반드시 과보를 받나니 부모 자식 간에도 죽음의 갈림길에서는 각각 제 갈 길을 가게 된다. 비록 서로 만날지라도 죄과를 대신 받기를 원하지 않는다.

(법구경)

70

악의 열매가 익기 전에는 악한 사람도 복을 받는다. 그러나 악의 열매가 익을 때에는 악한 사람은 죄를 받는다. 선의 열매가 익기 전에는 착한 사람도 화를 만난다. 그러나 선의 열매가 익을 때에는 착한 사람은 복을 받는다.

(법구경)

71

옛것을 너무 좋아하지도 말고 새것에 너무 매혹 당하지도 말라. 그리고 사라져 가는 것에 대하여 너무 슬퍼해서도 안 된다. 잡아 끄는 자에게 사로잡혀서도 안 된다. 우리는 그것을 탐욕이라 부르고 거센 격류라 부르고 불안·초조·근심·걱정이라 부른다. 또 건너기 어려운 저 욕망의 늪이라 부른다.

(숫타니파타)

72

　모든 두려움은 한결같이 어리석은 자로부터 생긴
다. 지혜로운 이에게는 생기지 않는다. 모든 재난도 어
리석은 자로부터 생기며 모든 번뇌도 어리석은 자로
부터 생긴다. 어리석은 이는 두려운 생각을 갖지만 지
혜로운 이는 두려운 생각을 갖지 않는다. 어리석은 이
는 재난을 만나지만 지혜로운 이는 재난을 만나지 않
는다. 어리석은 이는 번민하지만 지혜로운 이는 번민
하지 않는다.

(아함경 다계경)

73

착한 뜻은 번개와 같아서 오면 밝고 가면 어둡다.
그리고 삿된 생각은 구름과 같아서 해를 보지 못하게
한다.

(삼혜경)

74

표주박에 기름을 담아 활활 타오르는 불에 부으면
불은 오히려 표주박에 붙어 버린다. 분노도 이와 같
아서 오히려 착한 마음을 불태워 버린다. 마음속에
증오심을 없애면 쉽게 분노는 사라질 것이니, 소용돌
이치는 물결이 돌고 돌듯이 분노도 그와 같다. 비록
한때 화가 났을지라도 마음에 깊이 쌓아 두지 말라.
그러면 마음이 상처를 입지 않을 것이다.

(아함경)

75

자녀가 있는 사람은 자녀에 대해서 기뻐하고, 소를 가진 사람은 소가 있는 것을 기뻐한다. 물질적인 집착이야말로 인간의 기쁨이 아닐 수 없다.

그러나 자녀를 가진 사람은 자녀 때문에 걱정하고 소를 가진 사람은 소 때문에 걱정한다. 인간의 근심·걱정은 집착하는 마음에서 비롯되나니 집착이 없는 사람에게는 근심도 걱정도 있을 수 없다.

(숫타니파타)

76

남을 원망하는 마음으로는 누구에게도 원망을 풀수 없다. 원망을 떠나라. 원망을 떠남으로써만 원망을 풀 수 있다. 이것은 영원히 변치 않는 진리이다.

(법구경)

77

인내는 분노를 이기고, 선은 악을 이기고, 은혜는
인색한 마음을 이기며, 진실한 말은 거짓말을 이긴다.
꾸짖지 않고 사납지도 않아서 언제나 자비로운 마음
에 머무르면 비록 악한 사람이 욕하더라도 바위처럼
흔들리지 않을 것이다. 유능한 마부가 거친 말을 잘
다루듯이 분노가 치솟아 올라올 때 그것을 잘 이겨
내야 한다.

(아함경)

78

분노를 가라앉히면 편안히 잠잘 수 있고, 분노를 가
라앉히면 근심과 걱정이 일어나지 않는다. 분노는 깨달
음의 씨앗을 해치는 독의 근본이 되나니, 분노를 없애
고 인욕을 실천하는 사람을 모든 성인은 칭찬한다.

(잡아함경)

79

자기를 잘 다스리면 자기에게 이익 있으리니, 성내지 않고 해치지 않는 사람은 지혜로운 성현이다. 그를 항상 가까이하라. 성내는 사람들의 업은 무겁고 크기가 산과 같다. 그러니 한때 화가 날지라도 스스로 조금만 참으면 그는 착한 업을 짓는 자로서 야생마를 길들이듯 선한 자가 된다.

(아함경)

80

몸을 절제하고 말을 삼가하고 그 마음을 거두고 성냄을 버려라. 도의 길을 가는 데에는 인욕이 가장 으뜸이니라.

(법구경)

81

탐욕을 벗어나려면 자기 자신의 욕심을 깨달아야
하고 분노를 벗어나려면 진리에 눈을 떠야 한다. 사견
에서 벗어나려면 부지런히 수행을 해야 하고, 세상 일
에 매달리지 않으려면 자신이 하고 있는 일에 기쁨을
느낄 수 있어야 한다.

(아함경)

82

벵골 보리수나무를 베어도 뿌리를 잘라 버리지 않
으면 그 나무는 다시 살아나듯이, 고통의 근원을 찾
아내지 않으면 괴로움은 자꾸 자꾸 되살아나 그 자
신을 괴롭힌다.

(법구경)

83

욕심이 많은 사람은 지나친 이익을 추구하기 때문에 괴로움도 많아진다. 하지만 헛된 욕심이 없는 사람은 구함도 욕심도 없으므로 마음에 괴로움이 없느니라.

(불유교경)

84

태산 같은 자부심을 갖고 누운 풀처럼 자기를 낮추어라. 역경을 참아 이겨내고 형편이 잘 풀릴 때를 조심하라. 재물을 오물처럼 볼 줄도 알고, 터지는 분노를 잘 다스릴 줄도 알아라. 이것이 지혜로운 이의 삶이니라.

(잡보장경)

85

황금이 소나기처럼 쏟아질지라도 사람의 욕망을 다 채울 수는 없다. 짧은 쾌락에 사람의 욕망은 갖가지 고통을 수반한다.

(법구경)

86

도박에 빠진 사람에게는 다음의 다섯 가지 위험이 뒤따른다. 첫째 이기더라도 미움을 사게 되고, 둘째 지게 되면 슬픔에 빠진다. 셋째 재산을 모두 잃어버리고, 넷째 친구들도 그를 믿지 않는다. 그리고 다섯째 법에 호소해도 그의 말은 신용이 없기 때문에 믿어주지 않는다.

(아함경)

87

　땅보다 무거운 것이 무엇이며, 하늘보다 높은 것이 무엇인가. 바람보다 빠른 것이 무엇이고, 온 세상의 풀보다 많은 것은 무엇인가. 계율의 덕은 땅보다 무겁고, 교만한 마음은 하늘보다 높다. 과거를 기억함은 바람보다 빠르고, 떠오르는 잡념은 풀보다 많으니라.

(잡아함경)

88

　서로 싸우지 말라. 만일 말로써 옳고 그름을 가리려 하면 한 평생을 싸워도 끝날 날이 없을 것이다. 오직 참는 것만이 진실로 언쟁을 끝낼 수 있나니, 이러한 가르침이야말로 존귀하다고 할 만하다. 지혜로운 사람을 향해 악한 말을 퍼붓는 것, 성인의 말씀을 헐뜯고 비방하는 것은 지혜롭지 못한 짓이다.

(중아함경)

89

만약 모든 고뇌에서 벗어나고자 한다면 만족할 줄을 알아라. 넉넉함을 아는 것은 부유하고 즐거우며 평온하다. 그런 사람은 비록 맨땅 위에 누워 자더라도 편안하고 즐겁다. 그러나 만족할 줄을 모르는 사람은 설사 천상에 있을지라도 흡족하지 않을 것이다. 만족할 줄 모르는 사람은 부유한 듯하지만 사실은 가난하고, 만족할 줄 아는 사람은 가난한 듯하지만 사실은 부유하다.

(유교경)

90

대자大慈란 모든 중생들에게 사랑을 주는 일이고, 대비大悲란 모든 중생들의 고통을 함께하는 일이다.

(대지도론)

91

깃발을 보면 수레에 누가 타고 있는가를 알 수 있고, 산너머에서 연기가 솟아오르는 것을 보면 불이 난 것을 알 수 있다. 그 나라의 정치인을 보면 그 나라의 사정을 알 수 있고, 그 남편을 보면 그 아내를 알 수 있느니라.

(잡아함경)

92

무엇을 굴레라 말하고 무엇을 족쇄라고 말하는가? 육신은 나를 얽어매는 굴레다. 육신의 욕구와 욕망은 정신을 얽어매는 굴레다. 이와 같이 감정과 생각에 매달림, 그리고 자기 중심적 사고도 우리를 얽어매는 굴레요 족쇄이다.

(아함경)

93

욕심과 분노와 어리석음, 거만함은 마치 네 개의 독화살과 같아서 모든 병을 일으키는 근본이 된다. 또한 밖에서 오는 독화살은 막을 수 있지만, 안으로부터 오는 독화살은 막을 수가 없다.

(아함경)

94

사람의 몸을 얻기가 어렵나니 비록 사람의 몸을 얻는다 하더라도 그 목숨은 짧다. 단명한 가운데 다시 세 가지 악이 있으니, 첫째는 마음이 악해서 착한 말을 듣지 않으며, 둘째는 항상 남이 자기보다 나은 것을 두려워하는 것이며, 셋째는 남이 자기보다 나은 것을 알면서도, 수치스럽게 여겨 진리의 길을 묻지 않는 것이다.

(대법거다라니경)

95

부처님의 은혜는 마치 공기처럼 이 누리에 두루 퍼져 있어서 사람들은 매일 그것을 쓰면서 생활하고 있다. 그러나 사람들은 이 사실을 알지 못하고 있다.

(천태지의)

96

의심처럼 무서운 것은 없다. 의심이란 분노를 일으키게 하는 근본요인이며, 사이를 떼어 놓는 독이며, 서로의 생명을 손상시키는 칼날이고, 서로의 마음을 괴롭히는 가시다.

(아함경)

97

여기 두 묶음의 갈대단이 있다고 하자. 이 갈대단들은 서로 의지하고 있을 때는 서 있을 수 있다. 하지만 어느 하나를 치워 버리면 다른 갈대단도 쓰러지고 만다. 이와 같이 네가 있으므로 내가 있고, 내가 있으므로 네가 있는 것이다.

(상응부경전)

98

모든 현상은 인연에 의해서 만들어졌기 때문에 단 한순간도 같은 상태로 머물러 있지 않는다. 태어난 것은 이윽고 소멸되어 가나니, 생성과 소멸을 넘어서게 되면 영원한 법열의 세계인 니르바나(열반)가 있다. 니르바나로 가는 길이 있다.

(대반열반경)

99

　무엇을 가족이라 말하는가. 즐거울 때 같이 즐거워하고, 괴로울 때 같이 괴로워하며, 일을 할 때에는 뜻을 모아 같이하는 것을 가족이라 말한다.

(잡아함경)

100

　일단 세상에 태어난 모든 것은 죽음으로 돌아간다. 수명은 비록 한량없을지라도 반드시 생명이 다할 때가 있다. 이루어진 것은 반드시 망하고 모아진 것은 반드시 흩어질 때가 있다. 젊음은 오랫동안 지속되지 않고 주색酒色은 병을 불러들인다. 고통의 수레바퀴는 끝없이 구르고 굴러서 쉬지 않는다. 이 세상은 덧없는 것이므로 이 세상에 살고 있는 모든 존재에게도 또한 영원한 즐거움이 없다.

(열반경)

- 엮은이 **석성우**

  한국불교를 해외에 널리 알림과 동시에 수행에 전념해 왔으며 현재는 불교텔레비전 회장으로 있다. 1971년 중앙일보 신춘문예에 시조가 당선, 1994년 정문문학상을 수상했다.

- 엮은이 **석지현**

  1973년 동국대 불교학과를 졸업하였으며, 1977년 이후 인도, 네팔 등 불교유적지를 수차례 답사했다. 1969년 중앙일보 신춘문예에 시가 당선되었다. 다수의 역저서가 있다.

가슴을 적시는
부처님 말씀 300가지(개정판)

개정판 2쇄 발행 | 2024년 4월 30일

엮은이 | 석성우·석지현

펴낸이 | 윤재승   펴낸곳 | 민족사

주간 | 사기순

기획편집팀 | 사기순, 정영주   기획홍보 | 윤효진   영업관리 | 김세정

출판등록 | 1980년 5월 9일 제1-149호
주소 | 서울 종로구 삼봉로 81 두산위브파빌리온 1131호
전화 | 02)732-2403, 2404   팩스 | 02)739-7565
홈페이지 | www.minjoksa.org
페이스북 | www.facebook.com/minjoksa
이메일 | minjoksabook@naver.com

ⓒ 민족사, 2024

ISBN 979-11-89269-11-1 (02220)

불자들이 주고받는 품격 있는 선물!

선물용 경전 세트 ❶

전3권 | 값 38,000원

- **법구경** 석지현 옮김 | 12,000원
- **숫타니파타** 석지현 옮김 | 12,000원
- **화엄경** 김지견 옮김 | 14,000원

※세트는 고급 투명 케이스가 있어서 더욱 우아합니다. 낱권으로도 판매합니다.

《법구경》은 깨달음을 향하여 부지런히 나아가라는 부처님의 간절한 마음이 담겨 있는 시구집이다. 인간이 어떻게 살아가야 하는지에 대한 질문과 해답을 던져준다.

《숫타니파타》는 가장 오래된 불교경전으로서, 부처님의 가르침이 하나의 경전으로 체계화되기 이전의 거의 원형에 가까운 부처님의 육성(肉聲)이 담겨 있다.

《화엄경》은 장엄하고 화려한 구성을 바탕으로 불도(佛道)의 근본이념과 수행체계를 웅대하게 전개하는 대승불교의 대표적인 경전이다. 이 책에는 60권본 화엄경(34품) 가운데, 중요한 17품을 요약하여 수록하였다.

불자들이 주고받는 품격 있는 선물!

선물용 경전 세트 ❷

전3권 | 값 34,000원

- **유마경** 무비 스님 옮김 | 11,000원
- **아함경** 돈연 옮김 | 11,000원
- **금강경** 이중표 옮김 | 12,000원

※세트는 고급 투명 케이스가 있어서 더욱
  우아합니다. 낱권으로도 판매합니다.

《유마경》은 재가의 거사인 유마힐을 중심인물로 내세워 대승불교의 진수를 강조하고 있는 경전이다. 지금 이 세계가 불국토임을 강조하고, 보살사상, 불이(不二)사상, 평등사상 등을 설파한다.

《아함경》은 붓다의 초기 불교사상을 아는 데 매우 중요한 경전이다. '아함(阿含)'은 전승되어 온 성전이나 그 교설을 뜻하는 범어 '아가마(āgama)'의 음사어(音寫語)이다. 여기서는 방대한 아함경 중에 쉽고 교훈적인 경전을 선별하여 담았다.

《금강경》은 반야지혜의 법문을 설한 경전으로, 한국에서 가장 중시하는 대표적인 대승불교 경전이다. 금강석과 같은 지혜로 모든 미망(迷妄)을 깨뜨린다는 의미에서 금강경이라고 한다.

불자들이 주고받는 품격 있는 선물!

선물용 경전 세트 ③

전2권 | 값 25,500원

- ●**극락의 경전** 《아미타경, 무량수경, 관무량수경》
  한보광 옮김 | 13,000원

- ●**효행의 경전** 《부모은중경, 목련경, 우란분경, 지장경》
  일지 옮김 | 12,500원

※세트는 고급 투명 케이스가 있어서 더욱 우아합니다. 낱권으로도 판매합니다.

《**극락의 경전**》에는 아미타경·무량수경·관무량수경의 정토삼부경과
임종염불·장엄염불이 수록되어 있다. 모두 다 극락왕생과 관련한 경전이다.

《**효행의 경전**》에는 부모은중경·목련경·우란분경·지장경이 수록되
어 있다. 모두 효행과 관련된 경전이다. 선망부모와 조상, 유주무주 고혼영
가를 위해서 이 경전들을 독송하면 지옥 고(苦)에서 벗어난다고 했다.